大展好書　好書大展
品嘗好書　冠群可期

大展好書　好書大展
品嘗好書　冠群可期

親子系列

10

如何讓孩子喜歡讀書

張純瑩／編著

大展出版社有限公司

前言

我們是經由生活上的體驗，來學習各項事物道理，並且豐富我們的感情，細膩我們的感覺。對於正值成長期的兒童而言，這一點是相當重要的。但是，每一個人的體驗，都有他一定的限度。因此，我們藉由閱讀書籍、吸收他人的體驗，間接地成為自己的一個經驗，這也就是我們讀書的意義。

兒童經由讀書，對他所未曾了解的世界，得以一窺究竟，而且做人方面所必須具備的知識、感情及感覺，藉此可以更臻於成熟、完美。人的一生當中，據說語言學習能力最強的時期是在十歲～十五、六歲的時候。為此，從幼兒期開始，就必須讓他接觸書本。

討厭讀書的孩子，一個也沒有，但現實生活中，許多孩子事實上已處於遠離書本，不愛讀書的狀態。原因當然很多，但是，出於父母或老師的錯誤觀念或誤導，卻意外地多。

在本書的第一章「為何會造成孩子討厭讀書」裏，有許多實例來說明這些錯誤，讀了內容的大人們，相信很多人應該有如雷貫耳之感。這本書對於有如此感受的大人而言，更是覺得一覽為幸。同時，也希望兒童們能在大人正確的引導下，重回他們本來喜愛讀書的個性。

目錄

前言……三

第一章　為何會造成孩子討厭讀書

1 是不是有讀書的環境……一四
不讀書的孩子自古皆有……一四
既沒有書籍又沒有報紙的家庭……一六
無視孩子的知識分子的家庭……一八
只有考試參考書的家庭……二〇
只知讓孩子上補習班的家庭……二二
只為了考試而讀書的童年……二三
得獎的孩子多出自好家庭……二四

2 造成孩子討厭書本的語言和行為……二六

母親是電視迷……二六
不要只在口頭上逼孩子讀書……二八
讓孩子有他自己的時間……三〇
不要強制孩子發表或寫讀後感……三二
教育孩子不要老拿別人來做比較……三四
讀書不要只為考試……三六
培養讀書習慣要主動而且有耐心……三七
強制孩童讀書反而會招致反抗……三九
不要催促孩子……四〇
不要用錢來養育您的孩子……四二
不要太早就教孩子練習寫字……四四
3 **孩子本來都是喜歡書本的**……四六
沒有孩子會討厭書本……四六
讀書就像是好吃的東西……四七
孩子的質疑就是促使他讀書的根源……四九

第二章　讓孩子喜歡讀書的關鍵

1 要抓住孩子的心……五二

一起來聊天或唱歌……五二
一起來讀孩子的書……五四
全家一起逛圖書館……五五
唸書給孩子聽……五六
替孩子選購圖書要先認清孩子的興趣……五八
愛玩的孩子會讀書……五九
玩耍是讀書的原動力……六一
給孩子一個充滿書籍的環境……六三
看漫畫書也是促使孩子讀書的方法……六五
漫畫書也有一般圖書的感觸……六六
漫畫會使孩童著迷的理由……七〇
關掉電視是使孩子喜歡讀書的第一步……七一

電視的陷阱……七三
因看電視而使孩子變成自閉症兒……七五

第三章 讓孩子不斷喜歡看書的秘方

1 如何巧妙地誘導孩子喜歡看書……七八
幼兒期的讀書教育……七八
要孩子喜歡讀書，先增加他的語言字彙……八〇
從螞蟻洞看讀書訓練……八二
幼兒期要以遊戲為主……八四
2 如何替幼稚園時期的孩子打讀書基礎……八五
立即接受孩子的讀書要求……八五
不厭其煩地為孩子講讀他所喜歡的書……八七
為孩子講讀圖書……八九
說書、講故事是培養孩子讀書的基礎……九〇
母親的聲音是最具效果的講讀聲……九二

製造讀書的氣氛……九三
即使不認識字也看得懂書……九五
3 小學生的書必須是簡易或孩子喜歡的……九六
用耳朵來讀書……九六
要孩子喜歡書就叫他朗讀……九八
為孩子講他自己挑選的書……九九
讓孩子自由地閱讀簡易的圖書……一〇一
國小三年級是喜不喜歡讀書的分歧點……一〇二
聽孩子朗讀書本……一〇四
選書請問孩子的意見……一〇五
買書不要只看價錢……一〇七
讓電視兒童喜歡讀書的秘訣……一〇八
四、五年級的男孩子愛讀傳記書籍……一一〇
4 讓孩子喜歡書的小智慧……一一一
和作家或畫家做朋友……一一一

用漫畫書來激發孩子的讀書心……一〇二
孩子想看的書就給他看……一〇四
說書給高年級的學生聽……一〇五
誘導本來討厭讀書的孩子讀書的秘訣……一〇六
購買大人小孩都喜歡看的書……一〇八
務必要回答孩子的疑問……一〇九
鼓勵孩子寫信給作家……一一一
如何買名著系列讀物……一一二
想想自己的孩提生活……一一三

第四章　用讀書來培養孩子的鬥志

1 讀書會產生許多意想不到的效果……一一六
讀書才是讓人成長的食糧……一一六
讀書可培養孩子具有獨立的個性……一一七
讀書可使孩子富有感性……一一九

讀書能培養孩子溫和、體諒的心……一三一
讀書能培養真正的人性……一三二
讀書可以預防暴行……一三四
讀書能培植人的生命力和自信……一三五
讀書會使人喜歡作文……一三七
讀書能培養想像力、激發創造力……一三九
讀書可培養人生存到底的力量……一四〇
讀書可使孩子的成績優異……一四二
讀書可培養集中力……一四四
讀書可培養獨創的思考方式……一四六
讀書的孩子外語能力好……一四七
讀書可培養科學研究的動機……一四九
讀書可加深親子間的談話……一五〇
讀書可堅定生活的意志……一五二
親子讀書會使母親更成長……一五三

親子讀書可促進夫婦的談話……一五五
書有維繫人際關係的作用……一五七
後　序……一五九

第一章　為何會造成孩子討厭讀書

1 是不是有讀書的環境

不讀書的孩子自古皆有

我們經常會聽到某些人抱怨說：「現在的孩子簡直和以前的孩子差多了……。」其實，這是一句值得商榷的話。但最要命的是，這句話通常又會引來一個頗令人難堪的結論——「……所以說，現在的孩子是不行的」，或「真不知他的父母親是怎麼做的」。

然而對於孩子喜不喜歡讀書這一件事，時常招致這樣的評論。現在的孩童在閱讀方面的能力不但有顯著低落的現象，而圖書館方面的從業人員，更異口同聲地認為「不讀書，看不懂書」的孩童正在逐日增加中。

一些讀書指導專家的報告中更指出，不但現在的孩童有「遠離圖書館」「遠離書籍」的傾向，甚至年輕人也正在逐漸地「離開書本」。

一般都認為這是受電視、漫畫書、電腦等的影響，或現在的孩童每天都忙著趕上補習班而沒有看書的閒暇所致。然而今天之所以會把孩子逼入這種境地，其中最大的原因應該是大人的生活態度吧！孩子就是社會的鏡子，孩子的行為無疑就是反映出該社會一般風潮的結果。

由教師的家庭訪問中，發現孩子的讀書環境正在逐日的喪失之中。雖然大家都非常明瞭書的必要性，但令人意外的是，孩子們不但不讀書，而且也沒有書。學生的書桌上經常可以看見要花上千元以上才買得到的袖珍型電動玩具，但是，所陳列的書籍卻貧乏得可憐，除了教科書外，不是參考書就只有漫畫書而已。

雖然大多數的家庭中孩子看電視的時間大約是一個小時，但是，看書的時間卻也不超過十分鐘。甚至更令人寒心的是，有的孩子每天看電視的時間竟達五～六個小時之多。

因此，在慨嘆孩子不讀書之前，是否應該先檢討一下我們的家庭是否有真正適合孩子的讀書環境？

今天的孩子一定不會比以前的差，以前應該也有很多不讀書的孩子，而最主要的是，看是否有一個良好的讀書環境。

以下是一位老師訪問學生家庭及教學經驗談。

既沒有書籍又沒有報紙的家庭

在某車站附近，有一處公寓零亂雜立的社區，由於規劃不佳，不但通風不良、採光不好，整個社區還充斥著頗為惱人的濕氣。但是，由於交通方便、物價便宜，對那種生活在霓虹燈下的人來說，這裏似乎是一個很適宜的居住環境，而我的學生瓊英的家就是在這裏。

瓊英是個國小三年級的學生，她有兩位姊姊，一位是五年級，另一位則是六年級。父親經常換工作，目前為餐廳的店員，媽媽在一家酒吧上班。

瓊英三姊妹生就一副美人胚子的模樣，但學習力卻極端地低。她們不但不做習題，更談不上預習準備，當然老是跟不上課業的進度。瓊英每天背一個背包外，加兩個手提袋到學校，但卻老是還會有東西忘了帶。又由於生長在這種家庭環境中，所以，很企求別人給予呵護。因此，她們經常會拉著老師的手或抱著老師的膝蓋，同時把身體依偎過來。

那天我到她家去拜訪時，一進門就被擺在房間的那架豪華的大型電視機和閃爍發亮的畫面震懾住，而我的訪問也就在這種頗有「聲光」的房間中進行。

瓊英對老師的來訪好像特別高興，不停地來回在我和她媽媽的身邊依偎著。然而視線卻也死盯著電視的畫面不放。

「您家的電視經常都是這樣開著的嗎？」

「嗯！是的老師，一方面是孩子們喜歡看，而且……電視一關掉，外面的噪音馬上就會竄進來。」

孩子的書房裏並排著三張刻意裝飾過的書桌。桌上零零亂亂地堆積著糖果、糕餅、袖珍型電動玩具和布娃娃，放眼看去卻看不到一本書。後來叫孩子整理時，才發現在那些玩具下壓著幾本筆記和教科書。

「一說要看書我頭就痛……」原來家裏面的大人都沒有看書的習慣。生活中頂多只看週刊雜誌而已，家裏連一份報紙也沒有。二十冊漫畫雜誌，就是這一家的全部藏書。

雖然說讓電視二十四小時不停地播放著，會給孩子帶來不良的影響，然而瓊英的家卻不能一刻沒有電視。每天早上電視必須代替她們那疲憊的母親，送她們姊妹上學。等到她們放學歸來時，就要去上班的父母親，又能教給她們什麼呢？

「家裏不開電視就覺得很害怕，而且很寂寞。」有些時候她們甚至連晚飯都沒吃就一直守在電視機前，直到父母回來。像這樣，整天都是看電視的生活，父母親連報紙都不看，一點家庭閒談的機會也沒有的家庭，又怎能企盼三個孩子會成龍成鳳呢？

無視孩子的知識分子的家庭

離開瓊英家的那個公寓密集地帶，翻過一條斜坡，街道環境煥然一變而為高級的住宅區。圍繞著高牆的府邸，一家並排著一家，而佳盈的家就是其中較引人注目的一家。緊閉的豪華門上，閃耀著防盜錄影機。

佳盈的父親是一家大貿易公司的主管，母親是留英碩士，而且二人都出身於顯赫的家門。佳盈才國小四年級，她有一位弟弟是三年級。

然而很諷刺的是，這對姊弟似乎跟這個高級知識分子的家很不相稱，他們從小就被送去學習各種才藝，上了國小以後還請了家庭教師，可是他們的成績卻很差，整天茫茫然地一點精神也沒有。

這個家用金錢堆砌了一個相當優良的教育環境。客廳裏面有鋼琴、百科辭典和高級的音響設備，還有數不清的書籍。

孩子的房間裏面，一個大的書櫃中滿滿地排列著圖鑑、學習參考書，此外還有偉人傳記、世界名著等書，全部大約有二百多冊，不過其中連一本漫畫書也沒有。可是孩子的父母親卻很感為難。

「我們認為讀書是學習的基礎，所以，給孩子買了好多書，可是他們卻不看。」「這兩個孩子很不專心而且又沒有耐心。本以為讓他們看一些幼年辛苦而長大後終於成為偉人的名人傳記，會有一點心得，可是他們偏偏就不讀書。」

事實上也真是如此，諸多的書中，好像都沒有被翻讀過的痕跡。然而，就我所知，佳盈好像一直都是偷偷地向同學借漫畫書在看，並且還抱怨說「媽媽買的書很難，而且一點也不有趣」。

佳盈的母親正是那種無視於孩子的需要，只管以大人的想法來做壓迫式教育的典型。這種用禁止和強制等手段的教育方式，也難怪孩子會變得無精打采了。

一個才女型的母親往往都是由於對自己有著絕對的自信，而忽視孩子的心理。這種母親認為只要把孩子交給老師，一定會成才的，所以，從小白天就學琴、學英文、練習毛筆……晚上再請來家教。剩下的時間，除了讀書以外還是要讀書。這樣生活方式，我想就是其他的小孩也會怨艾不已的。

替孩子買書應該考慮到孩子的心情，最好是由孩子自己去判斷。否則只是大人一味地「給他看這種書吧！」而結果光買一些艱深難懂的書，這樣反而會扼殺孩子讀書的興趣，到最後使孩子一看到「書」就膩。

只有考試參考書的家庭

奕誠今年是國小五年級。父親是一位中層階級的職員，此外，家裏還有媽媽和一位國中二年級的哥哥。父親每天都忙於工作，因此，養育孩子的責任就完全落在母親的身上了。

這位母親果然也很盡責。在孩子還沒進國小前，就買了許多學前教育參考書。例如，在孩子才二歲時就買了一整套如何從教認識字和數字來啟發孩童早期能力的圖書；孩子進了國小以後，除百科辭典和圖鑑之類的書外，舉凡是歷史或科學等各方面的參考書，即使再貴，這位母親也照買不誤。可是有一點很奇妙的事是，課外的童話書或畫冊卻是一本也沒有。

母親專注的教育而使得奕誠兄弟在三年級前都在班上名列前矛，但問題卻也不少。課堂上老師一提出問題就「我！我！」地要搶著回答，好像什麼事都惟恐落於人後，不爭個第一名就不干休，而一旦輸了就嘟起嘴唇鬧彆扭。

因為在家裏母親經常以孩子的成績自豪，不時以「我們奕誠是天才，要拿第一名哦！」的話煽誘孩子做過度的用功。

聽說這位母親是專科學校畢業的，但事實上她連義務教育都沒有讀完。她的父母是在各地做巡迴演出的藝人，因此，從國小時代她就跟著到處換學校，到國中時由於父親改行經商，才開始固定在一所學校中求學。可是到了國中三年級，卻因被捲進了不名譽的桃色事件，於是離家出走。

後來與丈夫邂逅而結為夫妻，為了彌補過去求學中的遺憾，因此，對孩子的教育特別地熱衷。

很可悲的是，她只在意孩子的考試成績，完全不知道所謂的人格教育。所以，她從來就不會想要替孩子買圖畫書或故事書。奕誠他們兄弟也因此沒有養成閱讀童話故事書等的習慣。

升上了四年級以後，奕誠的成績就一路直落而下了，這是沒有讀書習慣的孩子經常會有的現象。

然而在吹捧中長大的他，不但一點也不自我反省，還是我行我素，甚至對老師或學校出難題，以妨礙上課來發洩他那種在功課失落時的鬱悶心情。

只知讓孩子上補習班的家庭

美玲是國小二年級的學生。父親是修車技工，母親在兼差，另外還有一位五年級的哥哥。她的父、母親是國中同學，但由於家境貧窮，讀完國中後，他們就沒有再升學了。當我去做家庭訪問時，他母親說：

「當時眼看著同學們一個個都穿上了高中的制服，心中是多麼地羨慕而又難過呀！所以現在即使再辛苦，也一定要讓孩子繼續升學。」

正由於父母親的這種補償心理，所以，美玲在上國小前就開始被送到兒童補習班練習寫字和學鋼琴，然後又開始學數學和速記。她的哥哥因為是男孩子，所以不學鋼琴而去學跆拳道，另外又由於已經快要升上國中，也開始學英語。

父母親都在工作，父親並經常加班到半夜才回家，對孩子的教育，事實上大人也只能提供金錢上的幫助，而最簡單的方法，那自然就是讓孩子去上補習班了。

有一次這位母親去參加學校的座談會，聽說閱讀書籍的重要性，於是一回來就到各個視聽圖書中心替孩子報名加入會員。

而當學校的老師提醒她這樣做是不對時，她卻認為「老師的孩子當然不必去補習班補習，成績也會很好，不去視聽中心看書，也經常有很多書可以看。像我們這種不懂教育的父母，實在也沒什麼可以教給孩子的，所以不管怎麼說，讓孩子去上補習班，我才放心。」

但是，讓孩子到處補習真的就有效嗎？

由於美玲每天一放學就要趕著到處補習，結果常常疲累過度，早上在學校上課時，哈欠連連，無法專心聽課。休息的時間，別的同學都很活潑地玩著，卻只有美玲老是失魂落魄的樣子。聽她常說：「不想上課，只想去睡覺。」做老師的我，何嘗不為她心痛呢!?

只為了考試而讀書的童年

看到美玲的情形，我不禁油然地想起我的童年時代。

學生時代的我，也像美玲一樣經常趕著上補習班，在記憶中從國小到大學好像除了讀書和考試分數外什麼也沒有。

為了要做一個媽媽和老師所期望的「模範生」，我必須放棄最喜歡的乒乓球運動，遠離那種製作洋娃娃、編織衣物的樂趣，而成天黏著書桌，埋首在書堆中，甚至連睡眠時間都被限制得死死的。為了考試的成績而把孩子逼到這種地步，真是一個做母親的悲劇。

不過，由於我本身很喜歡看書，所以，不管媽媽給我買什麼書籍刊物，我都能把它看完。可是看書的方法就不那麼輕鬆，因為媽媽還會來指導我。

「這篇故事的主角為什麼要過這種生活呢？」

「看完之後，妳有什麼感想呢？……」

因此，即使讀過了許多故事，我卻始終不曾溶入，不能有所共鳴，而只是一味地埋頭於主題解釋，說穿了，這還不都是為了要爭取「好成績」。

雖然，這樣的讀書方法會使成績進步，但讀書的本質卻完全喪失了。這種情況下，讀書哪還有什麼樂趣可言呢？

得獎的孩子多出自好家庭

從各個調查報告中顯示，現在的家庭都有一個共通的特點，那就是讓小孩子上補習班。

我們經常可以聽到做父母的說：「這一生也沒什麼財產可留給孩子，所以至少也讓他受高一點的教育……」這種望子成龍、望女成鳳的親情，就是造成今日補習班到處林立，生意興隆的主因。

一般說來，現在的社會，高學歷幾乎就是高收入的保證。而且越是從「好的大學」出來的人，在公職或大企業中就越有利，收入也會越多。所以，儘管有人高唱文憑無用論，但參加聯考及各種特考的人數照樣還是年年增加。

一位每年都當作文比賽的評分員，就曾說了一句頗發人深省的話：

「參加比賽得獎的孩子，其家長幾乎都是社會的中高階層以上的人。例如像是高級的公務人員，或公司企業中課長級以上的人。照這種情形發展下去，或許我們也可以說讀書真的是養成社會中高階級的基本。」

誠然，大家都感覺得到今天社會的一般狀況，確實是學歷越高的人，他在時間或金錢方面的餘裕也越大。

他不僅會而且有能力讓孩子去打球做運動、學美勞練習技藝，從各方面去培養孩子的氣質，而且在要叫孩子讀書時，他自己也努力看書。

因為他了解如何去培養孩子的完美人格，並且他更了解惟有讀書才能教育孩童的心理，也惟有讀書才可建立理解事物能力的基礎。因此，這與一般人只會給孩子買參考書，只知把孩子送到補習班的作法，簡直就是大異其趣。而或許這也就是「龍生龍、鳳生鳳」、「虎父無犬子」的另一個道理吧！

讀書，可以讓一個人心胸遠大，對未來充滿希望，具備充實的生存智慧，使人成為優越的人。因此，我們應該多鼓勵並養成孩子的讀書習慣，不要讓讀書成為那些管理階層的專利。

讀書重不重要？在事事講究學歷、資格的社會，多讀一些書，對未來總有一些幫助。大人們的行為，能使孩子的心循循向善，甚至發揮潛力。

2 造成孩子討厭書本的語言和行為

母親是電視迷

「我的孩子都快四年級了，卻整天一點書也不看，老是看電視或漫畫，真叫人擔心，不知該怎麼辦才好。」

既然您那麼希望孩子看書，不知您是否也看書呢？

「哦！不常看！看的也只是一些婦女雜誌或期刊之類……」

母親的說詞是這樣，我們再來聽一聽孩子的心聲：

「媽媽一天到晚就會催著要做功課、要看書，而她自己卻老守在電視機前看電視。」

「整天就只知坐在沙發上吃東西、看電視，整個人簡直胖得像是……」

「每次和鄰居的伯母們一起看電視時，就一面看，一面三姑六婆似地講一些流言，一下說某人是否要離婚，一下說今天的蔬菜太貴……嘻嘻哈哈地吵得人家不得安寧。」

像這種只知蜚短流長，成天看電視和期刊雜誌的母親，怎麼會得到孩子的信服呢？她怎會有資格向孩子說「快去讀書」？

「孩子的舉止就是父母親言行的反映」，上樑不正又何以正下樑呢？奉勸各位為人父母者，在您要叫孩子去讀書前請先檢討一下您的生活態度吧！

請關掉電視，在您有空閒的時候也看一點書吧！或者全家大小一起去逛一下書店，和孩子一起買書，一起去圖書館借書、看書，並且把孩子買或借回來的書，先找時間把它看過一次。

能和孩子一同成長，是上天賜與父母的最大恩典。教育孩子的不二法門，是提供時間給孩子，並且隨時警惕自己身教重於言教。

要讓孩子養成讀書的習慣，大人除了要以身作則外，還要讓孩子有父母也和自己打成一片的親近感。

不要只在口頭上逼孩子讀書

父母親最喜歡說，而卻是孩子最討厭聽到的一句話，那就是「讀書！讀書！還不快點去讀書！」

有些孩子甚至異口同聲地說：「父母一看到我們，不問青紅皂白，第一句話就會這麼說。」

也許低年級的孩子被父母親這麼一說，可能會真的乖乖地去讀書，可是到了高年級時，父母一味地強制命令，不但沒有效果，還會招致孩子的厭煩而產生反抗的心理。

小孩子通常最討厭被人強迫或命令去做一些他早就知道非做不可的事。即使他早已有心要做了，但經父母親這麼一強迫命令，倒反而會鬧彆扭，不加理睬。而讀書這種事情更是如此，父母親越是只知在口頭上恫嚇孩子去讀書，孩子反抗心理就越強。

所以與其如此，那麼，何不設法培養孩子的自主性，讓他自動自發地知道自己該做什麼事，讓他會因為自己想讀書而去讀書。

因此，父母要尊重並時常讚美孩子。這樣，再怎麼不看書的孩子，也會試著去翻一翻他想要讀的書籍。

譬如，看到孩子在讀教科書，就褒揚他「哇！這麼棒，才快五年級而已，就看得懂這麼深的書，再不久，我看連媽媽都會輸給你了。」

又例如，孩子在看一本幾乎全是圖畫的書，心中雖然有所不滿，口頭也得婉轉地說：「嗯！這本書好像很有趣的樣子，等看完就借媽媽看看。」

萬一發現孩子看的是漫畫書時，也請不要動氣發怒，而要尊重孩子的自主性，半開玩笑地說：「噫！這不就是昨天電視卡通影集的續集嗎？你真的很棒，竟然能找到這麼好的書。」

像這種隨時都不忘給孩子褒獎讚美的口氣，孩子再怎麼叛逆，也不會聽了就不高興吧！不管如何對於一個學童來說，看書總比看電視好吧！

反過來說，如果完全無視於孩子的心情，總是嘮叨個不停——

「書讀好了嗎？課本必須誦讀到滾瓜爛熟為止才行！再把課本拿出來唸五次！」

「怎麼又在看漫畫了呢？你再老是看漫畫而不讀書，小心我修理你哦！」

「功課都做好了嗎？做好了就要讀書。這本書必須全部都讀完才行！」

強制地禁止孩子到外面去玩耍。

像這種事偶一為之或許無妨，但要是天天如此，那麼，有誰能忍受得住而不覺得厭煩，不反抗的呢？

讓孩子有他自己的時間

「既然還有空閒」，一般的父母總是會「希望再給孩子多上課，或者出點算術問題給孩子練習」。

但我一逮到有這種空閒時，我卻會叫孩子們去看書。我的安排是每天吃飯後午休前，或因下雨而體育課停止的時間或放學後，就會叫孩子利用時間看書。雖然每次看書的時間大約是在二十分鐘左右，有時甚至還不到十分鐘，可是孩子們卻都興致蓬勃樂此不疲。可能正因為這個活動讓他們得到快樂，所以，好像有很多孩子在回家後都會向父母炫耀一番。

升上了五年級後，才頭一遭發現讀書竟然有這麼多樂趣的逸文，就是其中一例。

可是很意外地當逸文的母親知道這事以後，卻向校長提出抗議說：

「真是太不像話了！怎麼讓孩子盡讀這種幼稚的畫冊……希望凡事適可而止。要是真的那麼有空閒，請給孩子多上一點正課吧！否則再這樣下去，我真的會擔心我的孩子以後考不上好的高中……。」

為了逸文，我和校長只好去說服這位母親——

「閱讀是所有學習科目的基礎，一個沒有閱讀能力的孩子，是無法正確抓住考試題目的含意，容易發生答非所問的現象。」

很不幸的是，過分強調閱讀的教育效果雖然把這位母親說服了，但是，這位母親的錯誤觀念卻終於傷到孩子的心理。

「不要老是只顧玩耍呀！打球做運動中的休息時間，你也可以看看書呀！不讀書是考不上好學校的呀！怎麼上次在圖書館借的那本書還沒看完呢？真是懶惰蟲一個！」

「逸文呀！今天借回來的書怎麼裏面都是插圖呢？以後要借書，就借字多一點的，聽到沒有!?」

而且除了看書和做功課外，不管是打球、做其他運動或聽音樂、看電視，或是集郵玩拼組模型飛機等，這位母親就全部予以敵視，甚至否定，而斥責地說「既然有這種空閒怎麼不去讀書」？

孩子不是機器，他也沒有辦法照母親的想法那樣地做。每天除了閱讀和做功課外，什麼事也不能做的逸文，逐漸地再也不帶書本回家了。好不容易才養成的上圖書館看書、借書等習慣，也從此消失。在那已變得死氣沉沉的臉上，再很難綻露出什麼笑容了。

不要強制孩子發表或寫讀後感

教養孩子真的不容易，父母必須真正去關心他、瞭解他，同時也要善用智慧，耐心與鼓勵，成為孩子成長茁壯的動力。

有一次我新擔任五年級的級任導師時，找到一本有趣又適合孩子的書要給學生讀，可是很意外地，班上的每一位學生大家都興趣缺缺，後來聽了他們的「苦衷」

我才明白。他們說：

「老師您要我們看書，是不是看完了就要我們寫感想呢？要是這樣，我寧願不要看那本書。」

「每次看書都要我們寫感想，實在討厭。」

原來這一班在四年級時的級任導師，每給他們上一課或給他們看一篇文章就要他們寫讀書報告或感想。所以，這些學生因害怕寫感想而「不敢」讀書。

本來，書籍是讓人覺得有趣又能接受，至於要怎樣閱讀，那只要個人喜歡就好了。所以，就是不喜歡讀書的人，偶爾也會興起「嗯！讀讀看吧！」但是，如果強制看了書就一定要寫心得報告等感想文，那麼，就是原本還有點喜歡書本的人，甚至都會因此打消一讀其書的興趣了。

還有，人的閱讀能力和書寫能力也是不一致的。可以閱讀得深入精到的人，並不一定就能寫得出內容豐富，表現得體的文章。有時或由於感動得太深刻，而找不到恰如其份的言詞來形容的情形也有可能。

這種情形就是大人也屢見不鮮。譬如突然看到一件極美好的藝術品，而無以言喻心中的感動，惟有默默地欣賞。

因此，若真要孩子發表感想，那麼哪怕只有一句「太好了！」「很有趣！」這樣就足夠了，不要勉強孩子要再多說一點，或硬性規定他要寫多少個字。偶爾大人也要發表一下感想給孩子聽，讓孩子產生共鳴感，使彼此心靈有交流的機會。

大人站在孩子的角度思考，充分瞭解孩子的意思，才能適時幫孩子解決問題。切記，勿以父母的尺度衡量孩子。

另外，老師或父母親更不可用自己的感想強制孩子的想法，這也就是說不要隨意批改孩子的感想，例如「咦！這樣想是不對的！這本書的感想應該是……」因為強制和否定都只會造成孩子討厭讀書的心理。

教育孩子不要老拿別人來做比較

很多父母非常計較考試的成績，小孩從小被養成「分數至上、考試第一」的觀念，以名次論英雄，以致很多學生只須把書讀好，就算對父母有了交代，失去了快樂的童年。

「你看別人都會做，為什麼你就做不來呢？」

「你哥哥書讀得那麼好，而你卻一點也不看書。」

「你要用功，不要輸給鄰居呀！」

像這種管教弟弟時就把哥哥拿來做例子，罵自己的孩子時就拿鄰家的小孩來做比較，或許做父母的是想藉此來激勵孩子，可是這對孩子來說，卻是最容易刺傷他的自尊心，最令他難過的做法。

孩子本來都是很有個性的，「我是我」「他是他」，不管哪個孩子多少都會有其優點。所以，在您要責罵孩子的時候，請不要忘了也要對他的優點加以褒揚。讓孩子能在適合他個性的環境下長大成人，並且讓他的自尊心受到尊重，這樣，無論是誰才會有「再加油吧！再加油吧！」的幹勁和勇氣。

譬如讀書。書看得慢，並不見得就是懶惰不看書，有時看得太詳細也是延緩讀書速度的主因。所以，與其一直催促他趕快看，而變成敷衍草率，倒不如讓他慢慢地看到懂。因此，這不但不必加以斥責，而且還應該給予稱讚，說他是「很細心，書讀得很仔細」。

可能的話，父母親不妨也和孩子一起來同讀一本書。

最近的父母很流行只看成果來評論孩子的行為。然而像養育孩子或讀書這種內在的充實重於外在的表現事情，耐心等待孩子能力的伸展才是最重要的。而那種只知拿別人來做比較評價的做法，不但毫無意義甚至還會有反效果，不是嗎？

讀書不要只為考試

最近經常收到一些令人側目的宣傳廣告單——補習班的招生簡介。果然最近學生上補習班補習已經快變成一種風氣了，聯考一結束，或新學期要開始，這些廣告宣傳單也就隨之漫天飛舞起來。

「短期速成」、「試題解讀」、「保證考取」……等宣傳語好像讓人有「只要一進此門就功成名就」的感覺，但「欲速則不達」，雖然補習或許真的可以針對考試或測驗提供您解題妙方，但是，這對於真正的「學力」究竟會有多少的提升，就不得而知了。然而熱衷於此道的父母卻比比皆是。

因此，如果老師很熱心地指導學生每天閱讀課外書籍、上圖書館，有時也常常受到家長們的抱怨。

「老師，您怎麼老是叫孩子看那些課外的書籍呢？這樣是不是不太好呢？要是真有那種時間，怎麼不出一些國字練習或算術練習給孩子做呢？」

為了要說服這種家長，只好把教育和考試連在一起說：「閱讀能力就是一切學科的基礎，況且現在外面的一些升學補習班也很重視它哦！」

可是多閱讀書籍會使成績進步，這只是一個結果而不是目的。如果讀書的目的只是為了求取一個好成績，那麼，孩子是否能那樣興致勃勃呢？而且所要給他們看的書又是否能那樣多采多姿而有趣呢？

「真搞不懂像這種幾乎全都是插圖，對考試一點也沒幫助的書，怎麼可以介紹給孩子看呢？這豈不就是等於鼓勵孩子不專心嘛！」

像這樣，一本很適合低年級而且是專家大力推薦的書籍，孩子再怎麼樣也看不到了。所以，當我們要給孩子看書時，除了很敏感地想到考試的問題外，是否也應該重新反省一下教育的真正意義呢？

管教子女不必太嚴苛，不要加諸太大的壓力在他們的功課上，凡事盡力就好。也不要用逼迫的方式，讓他們明白事情的道理，凡事誘導、鼓勵。

培養讀書習慣要主動而且有耐心

在學校，常常有機會碰見以前我教過的學生的父母，並且也都變得和她們很熟悉。雖然她們的孩子都沒有在上我的課，可是這些家長還總是會順道過來找我。

「我那孩子自從沒有上您的課後，就變得一點也不看書了。以前老師做他們級任導師時，都會聽孩子說每天都要閱讀二十分鐘的書，可是現在一點也不這樣了。老師是不是請您今後再多去注意提醒我那孩子好嗎？」

「以前我的孩子很喜歡書籍，經常到圖書館看書或借書，可是現在好像都沒有那樣了，老師請您再給我的孩子一點教誨吧！」

在我和這些家長的談話中，發現她們最關心的事是「老師！請您多注意我那孩子。」或「老師，拜託您組一個讀書會，讓孩子有機會多看一點書。」不然就是「哇！養育孩子真是太難、太難了！」「老師，您也替我想想辦法吧……」

然而像這些希望老師給予指示或幫忙的家長，大部分都是自己沒有實行力的人居多。對於老師所給予的建議或許會嘗試去做一、二次，但是，畢竟那並非自己的想法，所以，都不會長久持續下去。等到事情的結果沒有變好或甚至變壞時，她們就認為這都是老師出的「好主意」，自己一點責任也沒有。

像這種對自己一點自信也沒有的父母，老是怕負責任，隨時都給自己預備著台階下。這樣，孩子再怎麼也不可能會信服的。

所以要教育孩子，希望孩子養成閱讀習慣，做父母的應該有其自主性，從陪孩子一起看書開始做起，並持續不斷地激勵孩子去看書，這樣才不會扼殺孩子閱讀的興趣，也惟有這樣，才能使閱讀這件事發揮出其增進孩子「學力」的功能。

強制孩童讀書反而會招致反抗

會導致孩童討厭看書的因素很多，而母親錯誤的熱心，也是其中一個原因。

在假日，帶孩子去逛書店，上圖書館，或全家到圖書館去玩，甚至也經常可以看到年輕的情侶夾著書本在圖書館周圍漫步，或老公公牽著孫子散步……等情景。在今天，圖書館的存在似乎與我們的生活有著密不可分的關係。

但是，最近卻出現一些過分熱衷而引人側目的父母親。

事實上，有些孩子都已經長得比媽媽還要高大了，但媽媽卻硬以為他什麼都不懂的樣子，不但連登記借書、還書等看了就會做的事，要大費唇舌地一一說明，甚至連手續都搶著替孩子做，反而使孩子顯得很徬徨不知如何是好。

即使在借書的時候，也會加以干涉地說：

「這種書太淺顯了啦！你看這是低年級在看的書嘛！」

「童話書借一本就好了！其他再借一本科學書籍或傳記。」

像這樣太過於熱心而漠視了孩子的意願，並且強迫孩子去看不喜歡看的書。久而久之，孩子自然不禁會懷疑「看書竟然只是為了母親」，或再也受不了這種被強迫去讀書的壓力，而產生反抗的心理。

甚至有些父母和孩子去借書或買書，只是為了她想看，而且竟然看到忘記洗衣做飯，試想這種父母又怎能讓孩子信服呢？

孩子的模仿力很強，特別容易以父母為榜樣，因此，父母必須言行一致，凡事何妨退一步站在暗處，只在他們需要時，適時伸手幫他們一把即可。

總之，孩子自然有自己的想法，大人除了要以身作則之外，在適度的範圍內，允許孩子有自我的主張，這未嘗不是一件好事，否則只是一味地強制孩子照大人的意思做，反而很容易讓孩子產生反感，甚至反抗。

不要催促孩子

「快一點」這句話，據說是母親最常對孩子說的言辭。「快一點起床！」「快一點去洗臉！」大部分的孩子都是在這種號令下開始一天的生活，然後接踵而來的是「快一點去吃飯」「快一點洗澡」「快去做功課」「快去睡覺」。快、快、快、快，孩子的一天又匆匆地結束了。

我每天都奔波於家庭、學校、幼稚園，而在家事、教育和育兒等工作中打轉，每天整個人都處於極疲憊的狀態下。在記憶中，我很少靜下心來慢慢等待孩子做完一件事，或聽孩子慢慢地把一件事情說完。當時我經常掛在口邊的話就是「累死我了！」這句話到現在甚至已成為我的口頭禪了。

像這樣「趕快……」地催促別人的作法，對孩子來說，似乎把他們會話和好好考慮事物的思考力給完全剝奪了。幸好，我的孩子在小時候並不太會老黏著人問東問西，總是我說什麼，他們就做什麼地「聽話」。

可是現在想起來，我的孩子豈不就是那種沒有自主性，不會質疑，只會照大人的話去做的孩子嗎？那麼，這跟飼養動物又有什麼差別呢？還好由於後來我把孩子送去上幼稚園，平常家居時，我妹妹也來幫我照顧孩子，因此，我的孩子才倖免於會話不足的缺憾。

本來會話就是讓孩子培養語言質與量的一種訓練，並藉著用語言表現或傳達心意的能力，如此才能造就出有組織、有系統地分析或思考事物的能力。並且這種語言能力還跟抽象的所謂讀書能力有著極大的關連。

所以，一個在學齡期前的孩子，他和父母親會話的質與量是這個孩子以後成長良否的關鍵因素。因此，父母親應該儘可能給他一個充裕而且不急迫的對話環境。

對於「趕快……」或「快一點……」或「不要只知道玩耍」等帶有強制命令或催促意思的話語，要儘量的減少，說話的時候，要把主語和述語都說出來，注意話語的完整。

這樣，孩子說的話自然不會只有單語，而且也跟大人一樣句句都很完整、很充實，如此一來，即使這位孩子目前還沒有讀書的習慣，但事實上他這樣已經算是來到了讀書的「門口」了。

不要用錢來養育您的孩子

在我第二個小孩上國小那年，剛好是彩色電視機開始普及的時候。由於大家的所得倍增，影響所至，甚至連小學生用東西都開始顯得有一點浪費的感覺。以前用來畫圖的蠟筆買十二色的就很不錯了，但那時的新生幾乎都是擁有十六色的蠟筆，其中甚至有學生買四十八色的蠟筆。此外，鉛筆、橡皮擦甚至都印有卡通漫畫，並且也出現了二層式的鉛筆盒。

由於東西充斥各地，孩子對所擁有的東西越來越不珍惜。東西用膩了就毫不吝惜地說丟就丟，東西掉了找也不找一下，反正隔天就又有新的。而且從那時起小學生就已經有開始上補習班的風氣了！總之，不只是對物質，甚至對精神上的需要，凡事都想用金錢來解決的風潮也越來越強。

人變得冷漠死板，沒有人情味，也不再幽默，而且對於可以改變氣質的書本，更是逐漸地疏遠。

「打從一出生家裏就有空調的設備，出入有轎車，生活是悠閒而舒適。漫畫取代了書本、電視的聲光代替了印刷的文字。」

「孩子只要也只能遵守大人的那一套處世哲學就可以。要進好學校，因為這樣以後才能進好公司，生活也才不會辛苦勞累。但是，小孩子也因此必須進入考試地獄的煎熬，整天趕著上補習班，沒有遊玩的時間。」

「是啊！現在的孩子真的很可憐，每天除了上學就是趕補習班。我想孩子會變成這樣，大人要負最大的責任。」

事實上孩子並沒有變，變的是大人，因為大人的價值觀發生變化而扭曲孩子的生活。那種利用補習班、電視、速食食品和糕餅糖果等，認為只要有錢就可以辦好兒童教育的作風，已經到了必須該反省改正的時候了。

時代的腳步變化快速，為人父母不能憑現今的市場，來判斷將來。請多花一點時間去陪您的孩子吧！陪他聊天、遊戲，陪他看書做功課，甚至親手去做一些點心給孩子吃！教育孩子，錢是解決不了問題的！

不要太早就教孩子練習寫字

我的三個小孩（十八歲、十六歲、十四歲）都很喜歡讀書，尤其是對他們所關心或感到有興趣的書，更是看得廢寢忘食、手不釋卷。

但是，這三個孩子練習寫字的時間都比別人慢。尤其是我家老二到要上一年級時，甚至連一個字都寫不來。比起那些在幼稚園教育時就開始練習寫字的孩子，當然一開始就有差距了。

最近，聽說才不過三～四歲的孩子，就已經開始練習寫字，甚至已經開始教他們讀書。但是，有一個很諷刺的現象，那就是不讀書、不會看書的孩子卻逐漸地增多。究其原因，這難道跟孩子太早習字讀書的現象有關係嗎？

小孩子背誦單字，用那童稚的聲音來朗讀書本，這是很令大人覺得高興的事。

所以就買書給小孩，想要他繼續地讀下去。

但如此一來，孩子可能就沒有辦法像大人所期待的那樣去看整篇的文章，所說的話也只是一些單詞而不會生動。

因此，不必急著那麼早就要孩子寫字朗讀，只要父母親多給孩子鼓勵和指導，那麼，那些圖畫多文字少的書，孩子應該會看得懂才對，因為有圖畫的輔助，即使有些字看不懂，整本書的意思還是會有辦法領會得到的。

這也就是為什麼國小三、四年級的孩子在看書時會以「插圖要多」或「書不要太厚」等為前題，不太關心內容比較注意文字的多寡，來做為選書標準的原因。

所以，最重要的是在要教孩子認字以前，就要多讀一些書給孩子聽，讓孩子先有豐富的語言表達，並從這些語言來構成事物印象或產生思想，這樣孩子才能真正地「讀」出一本書的內容或含意，能夠和書中的主角共同哭泣或歡笑，真正遨遊在書中的世界，如此才能真正地產生「愛讀書」的心。

當前教育的問題很多，任何人都能批評得頭頭是道，甚至將教育部長毫無留情的痛罵，但有誰會想到自己也是幫兇呢?有人說：「不要幫孩子打開一扇門，要把孩子帶到許多門的前面，讓他推開屬於自己的那扇門。」

3 孩子本來都是喜歡書本的

沒有孩子會討厭書本

我任教時為了實現「要讓所有的孩子都能有讀書的樂趣」的願望，於是我積極地鼓勵學生讀書，組織讀書會，而讀書這件事也因而使我和孩子以及家長們緊緊地密結在一起。而且在這讀書運動中，不僅讓我的三個孩子都變得很喜歡看書，並且也都身心健康地成長著。

同時，最令我感到欣慰的是，從這項讀書運動中，得到了一個結論，那就是「孩子天生都是喜歡讀書的」。

因此，當有些父母對我說「我的孩子一點也不讀書，不知該怎麼辦才好？」或「每天就只知道看電視或看漫畫書……」，感嘆孩子不讀書或閱讀能力低落時，我就會建議著說「請您也和孩子一起讀書吧！那種親子一起讀書的樂趣一定會使孩子變得喜歡書本的。」

因為孩子與生俱來就很好奇，什麼事都很想一探究竟，所以，在本質上對書本應該是會很喜歡的。他可以藉讀書來把自己想像成是書中的主角，去感受書中的喜怒哀樂、緊張刺激或窺探宇宙的神秘。藉著讀書，孩子甚至可以使感覺超越時空，不只能與古人對話，更能與中外名人見面。這種快樂是除了讀書外，沒有辦法從任何事物中得到的。所以，只要能讓孩子稍微體會到這種樂趣，那麼，不需要老師或家長的催促，孩子可能就會主動地要看書。

孩子是自己的一面鏡子，教育孩子就是教育自己，因為從他們身上可以發掘了自己未知的屬性，並以此檢點自己的人格。

「孩子的本質是喜歡書的」，但是，這也會因人或方法而影響到其本質表現出來的遲速。然而不論如何，大人最重要的作法是，要儘量去設法把這個本質引導出來。

讀書就像是好吃的東西

「媽媽！今天要講什麼故事呢？」

「媽！講這個啦！這個小熊的故事啦！」

「我要聽烏龜和兔子的故事啦！」

「哇！太多了啦！每一個一篇，那不就要講三篇了嗎!?」

回憶十多年前，每天晚上把在外玩得精疲力盡的孩子，一個個洗完澡，並讓他們吃完飯後，就讓么兒坐在膝上而兩腋夾著大兒子和二兒子，然後說故事或讀書給他們聽。

「嗯呀……拜託啦！再講一個嘛！」每次孩子都是意猶未盡地纏著我一直講故事；有時甚至拖拉著大畫冊來找我說內容給他們聽。至今這些往事都還歷歷如繪地留在我的記憶中。

對一個小孩子來說，別人讀書或說故事給他聽，就像是吃到了好吃的東西那樣高興。而且也像是吃飯、睡覺、排泄那樣，已成了人類生存不可或缺的因素。

當我生第二、三個孩子而住院時，我的大兒子雖然耐得住母親不在時的寂寞，然而卻受不了沒有人唸書或講故事給他聽時的空虛，一直要他伯父、伯母來唸書或說故事。

另外，即使那些以「很久、很久以前，在某一個地方，有一位老公公和一位老婆婆……」為開頭的老故事，平常都已耳熟能詳，甚至已能默記的老故事，孩子照樣是百聽不厭並且一再要求要聽，不講不行，我認為這就是人的本能。因此，我不相信「會有討厭書或故事的孩子」。

孩子真的需要導引與鼓勵的。能經常利用周遭的事物，或電視中的劇情，隨時給予機會教育，挑起孩子的關懷心，激發其學習力。

孩子的質疑就是促使他讀書的根源

或許是受到父親的影響，我家的三個孩子特別喜歡小動物，不但有狗、有鳥，甚至連昆蟲像蟬、蜻蜓和白老鼠、小烏龜，也充斥在家中各處。

由於我先生對這些動物都照顧得很細心周到，所以，這些動物像狗就很會辨識主人的心情。因此，偶爾我先生甚至會開玩笑地說：「狗甚至比孩子聰明！」

通常孩子在幼兒期中最主要的是智能的成長，因此，使他對外界的事物不斷地產生興趣，尤其是對語言的理解並把它變成自己的東西，經由語言而把內在心理的成長表現出來。

才一歲多的孩子，居然開始懂得說「不」，再長大一點時，甚至會用「為什麼」、「怎麼會」等語言來向大人質疑，這時我才開始有孩子是比狗聰明的實感。

起初我很高興地認為這是孩子的智能開始發達的現象，很有耐心地、很和藹地一一為他解答。可是經常被這樣糾纏的我，也會不勝其煩，而最後甚至隨便敷衍一番，或騙孩子說等一下再告訴他。雖然如此，但眼看著孩子一天天地成長，心中卻是無限地高興。

人，從還在母親體內的時候開始，就循著一個進化的程序持續在成長著。開始學習語言的幼兒期，會胡亂地提出質疑，反覆問一些莫名其妙的問題，毫不知厭倦地說個不停。

他一面吸收別人的話語把它消化，並一面以此來理解事物、思考、表現或傳達自己的心意，這不僅顯示人的一個成長過程，而且也是人之所以為人的證明。

以前人類以口述的方法來傳達語言文化，後來才發明文字來記載文化。因此，如果我們能理解孩子在幼兒期的行為是人類進化的過程，我們就不難想像得到「為什麼」、「怎麼會」這些質疑，正就是往後促使這個孩子會去讀書，甚至喜歡讀書的根源。因此，我們幾乎可以認為，人類與生俱來就蘊育有讀書的本能。

第二章　讓孩子喜歡讀書的關鍵

1 要抓住孩子的心

一起來聊天或唱歌

尤其是那種第一次生小孩的年輕媽媽，對於嬰兒的發育情形都會注意得巨細靡遺，甚至以此來和別人的嬰兒相比較。但是，也因此而使得有些年輕的媽媽，顯現出神經過敏的樣子。

「我的孩子都已經過周歲生日了，可是怎麼好像對書本沒啥興趣的樣子，真是令人著急！有時正打算拿一本書來唸給他聽，但他卻會把書拿去用口咬，或把書抓得不成樣子，叫人不知道該怎麼辦才好。」

事實上，請不要焦急，不要擔心，嬰兒都是這樣的。嬰兒對任何事物都是懵懂的，而他最需要、也是最能令他感到高興的是有人來抱他、逗他，有些嬰兒甚至必須抱著他，一邊哼歌給他聽，一邊隨著節奏輕搖他的身體，才會睡著。

但是，說嬰兒會喜歡媽媽讀書給他聽，這並不就是代表他喜歡書，應該說那是他喜歡聽媽媽的聲音和看媽媽的表情動作……。不唸書給他聽就會睡不著的嬰兒，大概是他母親唸書的聲音就有如搖籃曲之類歌曲的韻味，能讓他在聽了以後心情感到平靜放鬆。

像在這種時期的嬰兒，除了唸書給他聽外，您也可以「唱歌給他聽」、「讓他看行駛中的汽車」、「逗他、哄他發笑」，這樣他仍會很高興的。

嬰兒的學習模仿能力是最強的了。當母親反覆地為他做某些動作，嬰兒會覺得有趣，於是自己也加以模仿著做。

所以，當一位母親反覆不斷地唸書給孩子聽，而培養出親子間良好的默契情感時，這個嬰兒遲早會被潛移默化成喜歡讀書的孩子。

也正因為如此，所以，在平常的生活中，對嬰兒的教養最重要的是，要時常去逗他玩、輕聲細語地對他說話或唱歌給他聽。如果這些行為能在他的心中留下印象時，在無形中就會變成往後促使這個孩子會喜歡讀書的基礎。

因此，只要注意把這些事情做好，那麼，一個嬰兒是不是會很喜歡「看」書本或畫冊，似乎就不須太費心思去擔心了。

一起來讀孩子的書

最近以小孩為對象的書不僅出版得多，內容也是包羅萬象，在家裏會唸書給孩子聽的父母，也正急遽增加著。想起從前真是可憐，即使有心想買一些兒童圖書，但在一間偌大的書店中卻找不到一本兒童的圖畫書。

直到我大兒子二歲大時，我那在大學專攻兒童文學的弟弟送我幾本兒童書，從此，我才驚訝地發現兒童讀物竟然是如此地圖文並茂。不但我兒子很喜歡看，就連我也愛不釋手。因此，當時我們母子就經常在一起讀那些兒童書。

回想小時候的我，讀書哪有如此快樂，簡直就是一件苦差事。讀書只是為了要考試得好分數、好成績，所以，當年讀書時心中所想的就是「這裏考試可能會出來」，而至於為什麼「讀書是人生的喜悅、精神的食糧」，除了只知道它可能會成為一道考試題外，其餘的就不得而知了。

幸好翻閱了這些兒童讀物後，我才真正體會到那種喜悅、快樂和充實。從此以後，我買兒童讀物或畫冊除了為孩子設想外，事實上也是為了我自己。

現在每當我和其他老師或家長談到要給孩子看什麼書時，我便會帶一大堆圖文並茂的書畫冊去介紹給她們。當然這些畫冊免不了都會引起她們的驚訝和讚賞。

「哇！好棒呀！怎麼有這麼好的書呢？我想孩子一定會很喜歡看的！」

「好漂亮的書呀！裏面的圖畫都這麼傳神，這簡直就是藝術嘛！」

尤其是從來都不曾看過繪畫冊的兒童讀物的父母親，請您也找個機會去翻閱一下吧！這樣您將能體會到它是令人覺得多麼快樂，甚至您會因此而改變原來的觀感！

全家一起逛圖書館

對老一輩的人而言，圖書館給人的印象是陰暗而閉鎖的地方。以我個人以前的經歷來說，那只不過是一個做暑假作業和準備考試的地方，在那兒您幾乎看不到兒童或一般家庭主婦。

現在圖書館的經營方針，已有逐漸重視家庭主婦和孩童的傾向了，甚至還有把書裝在車上載到社區去供人借閱的「移動圖書館」。

一個明亮、容易進入又重視兒童的環境，才是今天公共圖書館應有的姿態，所以，有些圖書館會在入口處選擇一個比較適當的場所來做為兒童的公用區，並且有對兒童圖書收藏資料熟知的指導人員。

在櫃台或服務處的周圍也都佈置有詳細的圖書利用指南及新刊介紹或書目，在圖書館中您將可以很容易地找到所需要的資料，而且您也可以舒服地在此看書。大部分的圖書館假日還是照常開館的，所以，除了借書、看書外，圖書館應該也是夫婦培養另一種生活情趣的好地方。再加上如果圖書館又另設有兒童專用園地，這種圖書館不正是可以用來培養孩子讀書興趣的好場所嗎？

陳家就是這樣，在每個月的第三個禮拜天，他們全家都會到圖書館去看書。做父母的除了可以輔導孩子選書、看書外，還可以身做則，給孩子一個讀書的榜樣，而且也可從孩子的選書情形來確認孩子心智的成長情形。

全家一起上圖書館，這不僅是要創造書香家庭的一個好機會，而且假如每一個都向館方借二本書回家看，這樣一次下來全家就可借到十幾本，或許下次在要繳稅款時，您就不會覺得賦稅太重了。

唸書給孩子聽

雅惠的母親對如何培養孩子的讀書習慣，有她獨到的作法。她說：「要突然讓孩子不看電視那是很難的，當初我就計畫在每一個禮拜中至少有一天不開電視，全家來組一個讀書會，然後再以此為基礎慢慢發展到每天都有讀書會。」

因此，在雅惠小時候，她媽媽每天晚上都會抽空唸書給她聽。可是到了上國小以後，雅惠卻逐漸熱衷於看電視。每天做完功課，稍一有空，她馬上就會去打開電視。不過這時候，媽媽就會過來把電視關掉，然後開始她們母子的讀書會。

雅惠的母親有一個很了不起的地方，那就是她跟那些只會催促孩子看書而自己卻老守著電視不放的母親不同，她會自己找時間主動地唸書給孩子聽。有些時候，也會叫孩子唸書給她聽，並且當場指導孩子說出感想。

或許就是這個緣故吧！當雅惠才國小一年級時，就寫了一篇令她母親為之感動不已的作文：

> 我的媽媽是一位非常溫和的好媽媽。
> 雖然有時她也會生氣，可是，這就是她很愛我的地方。
> 媽媽不但教我很多事情，而且，睡覺時她也會替我蓋棉被。
> 我非常喜愛媽媽！
> 當我們孩子中有人過生日時，媽媽一定會買禮物送給我們。
> 真的！我非常愛媽媽！

我想，當媽媽年老時，我一定要好好照顧她！

現在雅惠已經是高中生了，她不但很喜歡看書而且文章也寫得很好，不管做什麼事，她都很積極地去參與。

她說：「這種態度是從小就培養出來的。」

從雅惠的例子中，我們不難發現父母與子女經常研讀書籍，這樣一定可以培育出喜歡讀書的孩子。若要保證這個讀書會的成功，那麼，首先就請為人父母者先來以身作則吧！

替孩子選購圖書要先認清孩子的興趣

「要怎麼替孩子買書呢？」

有些父母認為「最方便的方法是請出版社寄圖書目錄來」。但是，由於這些父母並不很明瞭有哪些書，所以，頂多是替孩子訂一些學習雜誌，或憑藉廣告單或樣本而買一些成套的專門書籍。

或許這種方法可替做父母的省卻不少麻煩，但是目錄和實物卻有極大的出入。目錄刊印的只是某些特定的書刊，擺置在書店中的卻是五花八門應有盡有。您除了可以慢慢地挑選比較外，並在帶孩子一起選購時，您也可以很清楚地觀察出孩子對哪一類型的書最喜歡。

這至少可以讓您不會買到孩子不喜歡的書。

假如您經常帶孩子去逛書店，不僅可以培養孩子上書店找書、看書的習慣，而且能夠使孩子的興趣因知道有哪些書籍可供參考，而順利地發展出來。

最近一些大的書店，甚至都設有專門販賣兒童讀物的地方，可提供您適合親子一同去選購圖書的環境，您可以很清楚地看出孩子的興趣傾向，買下您認為適當而孩子又喜歡看的圖書畫冊。

然後您在指導孩子看這圖書畫冊時，才能產生共鳴，這樣便能使孩子感到讀書是一件愉快又充實的事，而真心地喜歡它。

愛玩的孩子會讀書

我們經常可以聽到某些父母抱怨說：「我家小孩成天就只知道玩耍而不讀書，真令人著急。」多數的父母都是希望他們的孩子能夠「喜歡讀書」。

但是，儘管再怎麼喜歡讀書，要是一個孩子整天就只知道讀書，那才叫人著急呢！一個健全的孩子，他應該也會和同伴到戶外活潑地玩耍。事實上，讀書和遊戲是可以並存的。

一個被母親嘆為只知道玩的孩子，其實在他的遊戲中就已隱含著促使他會喜歡書籍的根源了。因為一個能從遊戲中知道與朋友交遊的快樂的孩子，他必然也能和童話故事中的主角一起成為朋友，透過文字和圖畫的引導，而徜徉在那書中的世界裏，享受讀書的樂趣，所以，越知道玩耍的孩子就越會喜歡書。而且這種孩子一旦喜歡上書本後，他所想的遊戲會變得更加豐富而又有創造性。

有一次我講「老鼠的背心」給學生聽，就曾收到這樣的效果。

老鼠弟弟滿懷喜悅地向同伴展示媽媽為他縫製的合身又好看的背心，以致同伴中的鴨子、馬，甚至大象都向他借背心去穿。

結果，最後回到老鼠弟弟手上的背心卻是……。

由於同學們對這個故事都很感興趣，除了一而再要求我反覆地說給他們聽外，後來甚至演成戲劇。而且不但劇中角色增加，台詞也不一樣，甚至整個內容也變了。

孩子能想像得到書本的內容，有了想像以後就開始產生創造。運用實際的動作來模仿或編成劇本演出，就已經是創造的階段了。

而讀書能夠讀到用自己的動作把內容表達出來，這就代表這個孩子已能體會書本的內容，並有相當的感動。

讀書能拓展遊戲的領域，遊戲會增進讀書的樂趣。所以，讀書和遊戲兩者都是很重要的，一個健全的孩子應該是「會遊戲又會讀書的孩子」，不是嗎？

瞭解孩子的需要與興趣，勿妨礙孩子的慾望。充滿愛心，不斷給予關懷，協助孩子發展潛能，建立他們的自信心。

玩耍是讀書的原動力

「什麼是讀書能力呢？」

「那是指對文章的理解力吧！」

「可是，我還是搞不懂，每次我只要一讀書頭就痛。」

我曾經和一些家長談論過有關讀書能力的問題，來探究為什麼一樣是讀書而有人樂此不疲，有人卻將之視為痛苦的泉源。

一般人的概念中「讀書能力」就是指「閱讀書籍的能力」，但這種概念好像不夠實際。根據辭典上的解釋，則所謂的讀書能力就是：

「它包括對書籍上語彙、語法的理解和應用能力，藉著閱讀而能把書的內容做合理化的分析、吸收，並將它發展成新的思想能力；能夠把書的內容和現實生活問題連結起來的能力、能夠體會出書籍裏面所蘊涵的情感的能力。」

這種說詞又未免太艱深了吧！因此，我試著將它分析整理如下：

看懂文章的能力——即所謂的閱讀能力。

能重新對看到的東西加以思考的能力——即思考力、創造力。

把看到的東西應用到實際生活的能力——即判斷力。

培養感情的能力——即想像力。

由此可知，所謂讀書能力應該是指具有這四種能力，並不只是我們平常所最關心的那種理解文章字面含意的理解能力而已。因此，要養成讀書能力若只在文句方面下功夫，這樣效果是不會太大的，必須是要均衡地發展這四方面的能力，讓它們產生互相刺激的作用。

一個讓孩子玩得滿身都是泥污的遊戲；一個因過分堅持主見而引起的爭吵；一個讓人聲嘶力竭的運動；一個用自己的力量搭建起來的營帳……愛護生物懂得如何接近自然等等，這些事情都和讀書有異曲同工之效，對於一個人讀書能力的培養也具有相同的功效。

所以，有人說：「以讀書培育出來的孩子是最具有人性、生命力旺盛、個性堅毅、想像力豐富而且極具周密思考的能力。」

雖然一般人很容易誤以為讀書只是在求增加理解力而已，但事實上，讀書卻是真正培育人類的教育。在父母眼中最無意義的戲水、玩泥巴等遊戲，在這個理論下都很意外地成為培養讀書基礎的行為了。而那一份馳騁在山野的爽朗，則成為足以有始有終讀完一本書籍的原動力。

因此，要說今天的孩子比以前的孩子不喜歡讀書，其原因的癥結不就是在這裏嗎!?

給孩子一個充滿書籍的環境

讀書可以使孩子具備四種能力，使他們長得更健全。然而「真的只有書本就可以教育健全的孩子嗎？」

俗話說：「唯有健康的身體才會有健全的精神。」要養育一個健全的孩子除了書籍外，還需要給他一個健康的身體。

而「要有良好的精神就先要有一個健康的身體」、「要鍛鍊一個健康的身體就必須讓孩子到戶外運動或玩耍」、「到外面玩耍運動則需要朋友」、「要交好的朋友則最好是找喜歡讀書的人」，至少「喜歡讀書的孩子是不會學壞的」。

為了讓孩子能夠兼顧讀書和運動，可以將家裏的房間空出來做書房，讓孩子除了在那裏看書外，也可以在那裏做一點運動，簡單地說，就是給孩子佈置一個充滿書籍的遊樂場所。

如果家有庭院，可種植些四季的花草和果樹，讓孩子可以隨意地在其中玩耍，有時甚至協助孩子在院子裏種一些植物，隨時可以藉庭院中的景象，來激發孩子的讀書心。譬如看到果樹結果實，花卉的花開花謝，甚至小鳥來果樹上築巢等景象，就鼓勵孩子去讀某些書以便深入了解。這樣，不但可以使孩子更接近自然、對人生更有情感，而且也更使他們有喜愛讀書的心。

像這樣製造一個到處都有書，到處都需要書的環境，孩子自然會對生命充滿好感，喜愛自然、喜愛生物、喜愛交友……對任何事都充滿愛意，這樣他也必定能成長得很健全！

看漫畫書也是促使孩子讀書的方法

我家二樓現在已經闢為專供鄰近孩子或我的學生來看書的小型圖書館。其中大約有二千四百冊兒童讀物，其餘的就是各種書冊，甚至包括有二百多冊的漫畫書和二十幾冊的漫畫雜誌。

以前我是不贊成給孩子看漫畫書的，但是，從有些孩童閱讀書籍的發展過程使我領悟到，看漫畫可以培養孩子看書的動機，所以，後來我就有選擇性地開放給孩子看漫畫書。

其中宜倩是一個好例子。她已經是三年級了，但一點也不喜歡看書。後來從同學那裏知道我這裏有很多漫畫書，才跑來加入會員的。每次她總是搶第一個到圖書室，而且一讀到有興趣處，甚至就一言也不發地一個人看到天黑才回家。這種情況持續了一個多月後，有一天我就找機會去接近她。

「小朋友，要不要看別的書呢?我這裏也有像漫畫書那樣有趣的書……」

我就挑選一本裏面插畫較多，而又充滿趣味和驚險情節的書給她看，這種書也很適合她那頑皮的個性，當時只見她興趣盎然地開始讀下去。

從此，宜倩就像是「從漫畫書中畢業出來」的樣子，逐漸對書籍感到興趣而願意去閱讀。後來宜倩也親口告訴我說：

「因為覺得漫畫很有趣所以才一直熱衷地讀下去，這時候開始會有也想要讀書的意念。看了以後發現它比漫畫更有趣，所以就長讀不倦。因此，對書本也產生了好感，開始閱讀所喜歡的書了。」

來我的圖書室看書的孩子，大部分都像宜倩這樣，起先都只是來看漫畫而已，但差不多一個月後，他們都會開始想要找書看了。而且這種轉變只是快慢問題，從來就沒有人例外。因此，漫畫書不正是促使孩子讀書的入口嗎？

漫畫書也有一般圖書的感觸

「大學生看漫畫」「大人看漫畫」以前甚至造成相當震撼的話題，今天在大家的眼中，這些都已變成稀鬆平常的事了。

從前，我也是一直堅持「漫畫、電視都是讀書的敵人」。現在，在我的圖書室中卻有很多漫畫書，供小孩子翻閱。

過去我總認為漫畫是商業主義的產物。為了賺錢而無孔不入地傾銷，其內容低俗不堪，不是色情就是肯定暴力、讚美戰爭……，一點也沒有閱讀的價值。

可是，自從我的小孩子上國小以後，不知不覺中，他們都相繼地迷上漫畫，甚至用零用錢去買漫畫書來看。雖然我一再厲聲斥責，但是「這是我們用零用錢去買的呀！」孩子卻照買不誤。

我的學生也一樣。有人因為看漫畫入迷而忘了上課鈴聲已經響了，有的人甚至想盡辦法在上課中偷看漫畫書……。

有一次我無意中翻看一本從五年級學生沒收來的漫畫書叫《貝爾賽的薔薇》。令我很驚異的是，這本漫畫不但充滿趣味，而且內容充實，言之有物。它是以法國大革命為背景來描寫的，不但有時代考證，而且情節也描寫得很細膩。

「原來漫畫中也有這麼好的書！」從此我不再堅持那種敵視漫畫的觀念了，而且還主動地去找《貝爾賽的薔薇》的續集來看。

「只憑一句話就把漫畫全部否定掉的作法是不對的，漫畫書中也有富於教育性和藝術性的東西。」

「漫畫並不全都是頹廢、低俗的，它不應該是孩子的禁書……」

好的漫畫書和一般圖書一樣充滿著感動，令人深思而且也充滿著趣味，它比一般圖書更能引人入勝。從讀書所能得到的，看漫畫一樣能得到，而且更容易得到。因為漫畫作家已把閱讀文章的心得，用具體的畫像表達出來了。

「媽，愛看書的孩子，應該也會喜歡看漫畫書呀！」

「嗯！是吧！大概沒有只喜歡一般圖書的孩子吧！」

很顯然的，一個知道看漫畫會很有趣的孩子，他才有可能變成以讀書為樂的孩子。

「會看漫畫的孩子也會看一般圖書。」這種論調我本來是相當懷疑，但是，經過多年來的觀察，的確，這種孩子真的是不在少數。

因此，我便計畫以更確實的調查來印證這一句話的事實真相。

計畫的調查是以我任教的那一所國小的一、二、三、五等各年級學生為對象。其中因為一年級的學生無法理解這項調查的主旨，因此其意見不予採納。

雖然只在一個學校做問卷調查，其結果並不足以用來概括一切，但這個結果卻真的就像我們所猜測的——會看漫畫的孩子也會讀書。

這個事實您只要觀看下頁表的數字，就可一目了然。其中以三年級的平均讀書率最高，居然有八成左右。

喜歡讀書的孩童　$\dfrac{\text{愛看書的孩童數}}{\text{全部孩童數}} \times 100$

	2年級	3年級	5年級
有訂閱學習雜誌而喜歡書的孩子	68%	73%	81%
沒有訂閱學習雜誌但喜歡書的孩子	39%	81%	58%
喜歡看漫畫而又喜歡看一般書	53%	81%	68%
不喜歡看漫畫但喜歡看一般書	50%	73%	45%
小時常會聽父母唸書講故事，而又喜歡看書	59%	80%	76%
小時不會聽父母唸書或講故事，但自己卻喜歡看書	53%	76%	33%

這個學年的學生，在一年級的時候由我和其他二位對勸孩子讀書也非常盡心的老師，來擔任級任導師。當時我們都曾自己掏腰包去買書來給孩子看或把書的內容講給孩子聽。

不只這樣，另外我們還設計了生活園地，鼓勵、指導學生發表作品，到後來那些知道讀書樂趣的孩子，每天都會主動地相邀去圖書館看書。

有人說，對年齡越低的學童實施讀書指導，其效果就越好。這些孩童直到升到三年級時仍會有這麼高的讀書興趣，大概就是這麼一回事。

而從二、五年級的學生比數，也可以很清楚地發現，小時候父母是否經常唸書或講故事給孩子聽，這對一個孩子往後是否有讀書習慣，具有很大的影響。

而三年級學生所顯現的統計數字，在這裏應該可以說是老師們讀書指導的成果表現吧！

漫畫會使孩童著迷的理由

一向很喜歡跟在別人後面起鬨的我，在了解漫畫和孩子讀書的關係後，不但自己也逐漸有看漫畫的興趣，而且也曾經帶著孩子和幾位老師到專門讓人看漫畫的地方去。只見一到那裏的孩子，在找到適合他的漫畫書後，就趕緊找個位置坐下全神貫注地開始閱覽。

我的孩子看我一副興趣索然的樣子，便跑過來對我說：

「媽！怎麼了嘛！是不是漫畫書的圖畫太煩了，讓您看不下去呢？」

「呀！要是不中意那位作者畫的書，那麼這本書，媽應該會喜歡吧！」

果然，孩子介紹我看的那本漫畫書，是真的很能引我入勝。書中主角的造形不但很有我的緣，用圖畫來展開故事情節的設計也讓我覺得很新鮮。因為這本漫畫幾乎和我的感覺相同，所以，不一會兒我就看得入迷。

就這樣從早到晚看了一整天的漫畫以後，大家有一個共同的結論——「是啊！太有趣了！」當然這個有趣是指多方面的。有的人覺得漫畫很幽默、很有真實的生活感、很有創意很有想像力，而且連主題和人物造型都很新鮮很有現代感。由此可見，漫畫之所以會吸引孩子不是毫無道理的。

另外，故事情節的展開非常簡潔，且內容都是用圖畫來表現的。所以，不但不會一看就膩，而且即使字看不懂，只看圖畫也能了解其內容。這也是漫畫會受孩童歡迎的原因。

但是，並不是所有的漫畫都這樣，其中像內容帶有色情、肯定暴力、讚美戰爭的作品也不乏其數，這些可能會給孩童帶來不良的影響。所以，給孩子看的漫畫，應該要有選擇，而且在不禁止孩子看漫畫的同時，也不要忘了誘導孩子去閱讀一般的圖書。

關掉電視是使孩子喜歡讀書的第一步

如果您真的希望您的孩子會喜歡看書，那麼，就必須要有不讓孩子看電視的覺悟。

書和電視在本質上是截然不同的兩種東西。孩子看電視只要一打開電源開關，人物就會顯現在畫面上，隨著畫面不斷地轉換移動，孩子只用眼睛看就能清楚地了解整個故事的情節，不需要費心去思考或努力去探索。

但看書就不一樣了。除了字和少許插圖外，什麼也沒有。必須逐字閱讀，然後再用自己的腦筋去想像書中的人物和情景。

幼年期是一個人腦力正發達的時期，所以，必須加以刺激、使用，才能越來越聰明。要小孩子讀書就是要訓練孩子自己去想像書中的人物和情景，當然這並不是一件很容易做得到的事，但只要做到了，那麼，讀書甚至會比看電視更有趣，因為您不但可以隨時隨地，憑自己的喜好來幻想，而且還可以隨時重複地欣賞您喜歡的情節。

話雖如此，但只要電視播演的內容能夠引起孩子的興趣，並讓他們覺得高興，那麼，電視就具有馬上可以吸引住任何小孩子的魅力。

我自己從來就不給孩子看電視。所以，當孩子遠在襁褓時，有時無法避免不在孩子面前開電視，我也會拿一些兒童畫冊給孩子翻閱。但當孩子長到約三歲大，開始有企求同伴的心理時，我終於不忍心，而開始給孩子看電視，誰知孩子不多久就著迷了。

每次一到播放卡通時，就精神一振，趕快去佔住最能清楚地看到電視畫面的位置，甚至跟著電視大唱卡通的主題曲，逐漸地不但不再看書了，而且連飯也隨便吃一、二口就跑去看電視。

眼看著情形越來越不像話，因此，我再度決定把電視關掉。自己一天也只看二個節目，其餘的時間就用來陪孩子看書。

像我這麼用心在教養孩子，居然都會發生這種情形。可見電視的魔力有多大，因此，希望各位家長在教育孩子時要嚴加防範電視的「為害」。

電視的陷阱

一位生長在二次大戰後，物質貧乏而又生育六個小孩的母親，當她第一次看到洗衣機時，就很興奮地說：「有了這種東西世界將變得多便利啊！今後將沒有人不使用這個文明的利器吧！」並且率先買了一台。

從人們還會圍聚在店裏看熱鬧聽宣傳的那時候開始，電視機就一直是一項昂貴的商品，可是一聽說「電視對孩子的教育很有幫助」，於是很多人便爭相購買。

一年到頭忙於工作而難得出外旅遊的人，更是會很高興擁有一架電視機。「有了電視，從此就是不出門也能知天下事。而且電視上還有教學節目、體育競賽、戲劇、影片……等。」

而對整天忙著工作，無法照顧孩子的人來說電視更是重要，因為「電視不但有教育兒童的節目，而且又能陪孩子消磨時間……」。

誠然，電視是可以替我們做很多事並教我們很多東西。可是雖然我們經常看電視，但在我們的腦海裏卻不見得會有任何特別深刻的記憶。所以，即使有再好的內容，除非真的剛好有需要否則不但沒有用而且是累贅。當然也無法存在記憶中了。

有人認為經常看電視就可以多記住一些語言，因此，常給嬰兒看電視。但是，對嬰兒來說，他是否能夠從那種對他毫無意義的聲響中，找出所需要的語句而加以記憶呢？

讓他整夜不停地聽電視那種語音、音樂和映畫交織在一起的「噪音」，是否會因此破壞他的聽覺，而使他無法區別電視的聲音或父母的聲音呢？

另外，還有人認為讓電視來教育孩子，是不是會使孩子因缺乏與人接觸而造成自閉症呢？

語言畢竟不是電視或機器，人也絕不可能是電視或機器所能養育的，做父母的應該有一種警覺：那就是在養育孩子的過程中有電視不是福而是禍。

因看電視而使孩子變成自閉症兒

「我來請教您，要治好這孩子的病，經常唸書給他聽是否有用？」

曾經有一位母親帶著她的孩子戰戰兢兢地來拜訪我。這個孩子叫泰佑，國小二年級，是一個只知用尖銳的聲音吵吵嚷嚷的自閉症兒童，而且是後天性的。這位母親也有著一段悲哀的生育歷程。

當她還只是十七歲的那年，就不得已和十六歲的丈夫做了父母。當時家裏認為男方年齡太小又沒有固定的工作，所以非常反對這門親事。於是他們倆就雙雙離家出走，到別處另築新居，在沒有人的祝福下，沒多久，她就產下了泰佑。

她的丈夫自從當了父親以後，更是拼命地工作賺錢，經常晚歸或甚至沒回家。而和親友都斷絕關係的她，每天就和孩子關在昏暗的公寓中看電視度日。

後來等到她媽媽找到他們時，當時的情景是她正兩眼發直地蹲伏在穿著已經濕透了的尿褲、肚子又餓得在號哭的泰佑旁邊。那時泰佑已經四歲了，但卻還不會自己小便，也不會說話，平常只能發出一些「咕嚕咕嚕……」之類的怪聲。而且只要讓他裹在他中意的毛毯內，再給他吃一些零食，他就會顯得很乖。可是當周圍情形一稍有改變，他馬上就會跳出來，哇哇大叫。

不用說，這孩子已經患有嚴重的「自閉症」了。

「我竟讓自己的孩子患上自閉症，我一定要治好他！」因此，她含著淚來向我請教。

孩子心性是否明朗，和家庭是否明朗是有關係的。

現在，她已不再拿速食品來餵孩子，也關掉了電視，並且不斷地親自說話給孩子聽，拿嬰兒的圖畫冊給孩子看……一步步地改進，讓孩子能真正地過著「人」的生活。她自己也不再奇裝異服，亂塗亂抹，把所有的心力都完全投注在孩子身上，那種被鄙視為「不良少女」的陰影，已經一掃而空了。

第三章　讓孩子不斷喜歡看書的秘方

1 如何巧妙地誘導孩子喜歡看書

幼兒期的讀書教育

我在教育自己的孩子時也是這樣，即當孩子滿周歲以後，就開始去買合適的圖畫書給孩子看，偶爾我先生也會買一些會發出各種聲響的玩具給孩子玩。記得當時買的圖畫書中有「交通工具」「動物」「物品」三本。而孩子對這些書也都感到很高興，每次一翻開畫冊，看到狗就用手指著圖片，口中就發出「汪！汪！」看到雞就說是「喔喔－喔」。

在「物品」那本圖畫書中，編的都是一些傢具。我先生就設法把圖畫和實物給孩子做比較，然後再用口述教孩子認識物品的名稱。

就在這樣一邊看畫冊一邊聽父母用聲音來教育的情形下，我的孩子很迅速地學到了許多新知識和語言。而且很快就知道畫冊中的「狗」就是代表那經常和自己玩在一起的狗，同時，也了解它就是口中很抽象地說「狗」這個聲音的實物。

後來我才知道原來這種圖畫書叫做「確認圖畫書」，它是藉著圖片和實物和語言的組合，使孩童能儘快理解事物的書籍。

我的大兒子對「滴答！滴答！」的鐘錶聲很有興趣，每次一看到鐘錶的圖畫或照片，就會強拉著我要過去看。有時看到報章雜誌出現鐘錶的廣告，就很興奮地「手錶！手錶！」地叫著。於是，我就開始收集鐘錶的目錄或雜誌廣告，然後把其中鐘錶的圖案剪貼成冊。

當孩子接到這一本自製的畫冊後，他真是高興極了。不但一看再看，而且是手不釋卷，走到哪裏就帶到哪裏。

有一次，我突然帶他到鐘錶店時，他那種驚喜的神情更是妙透，記得當時他瞪大著雙眼，口中「哇－哇－」地發出驚奇的聲音，並且伸著手在面前一個一個地數算著鐘錶的數目。

教育還是幼兒的孩子，除了給他看合適的圖畫書外，父母一定還要不斷溫和地教他說話。畢竟，對一個幼兒來說，沒有言語的聲音，那麼，一本書就等於是一堆紙片罷了！

要孩子喜歡讀書，先增加他的語言字彙

國小二年級的俊傑，在他那很喜歡圖畫書的妹妹眼中，是一位非常溫和的小男生。父親是高中老師，母親則是已經退休了的幼稚園老師。

俊傑和他妹妹都很喜歡看書，尤其在幼兒時更是喜歡翻閱圖畫書籍。當俊傑在上幼稚園大班時，看了織女星的故事後，就已經會對老師說「真希望能進入圖畫中的那個世界」。

以後聽俊傑說，他每次看圖畫書時，自己就好像是穿過一隧道，走到一個彩色繽紛的世界裏一樣。

在那裏他可以變成一隻熊，也可以變成一隻兔子……，自由自在地想變成什麼就變成什麼。而且連平常被大人禁止或限制的調皮動作或冒險行為，在那裏也可以隨心所欲地照做不誤，真是快樂極了。在隧道的那一邊他可以看到草原、森林……只要想去哪裏就可到哪裏去。

任何人都希望能搖身一變，都有英雄崇拜的情結，想要變成超人，希望能在空中飛行、想要超脫現實的生活。

就像一個演員可以在舞台上扮演各種角色一樣，孩子們在圖書畫冊的世界中也可以憑著個人的想像去扮演各類事物來玩。像俊傑這麼富有想像力，而能進入書中世界的孩子實在是太幸福了。

原來俊傑的母親在教育孩子時，很重視孩子遊戲和讀書這兩件事。

「要孩子讀書其實簡直是我自己在讀書似的。每次都是由我來朗讀或講故事，孩子則是在一旁聽，不過，這也只是在晚上才這麼做。至於白天，當孩子從幼稚園回來，我就讓他們到外面去玩到天黑才回來。我覺得這種情形很好。」

俊傑無論看那一本畫冊都有辦法把零散的圖片結合成一個連續的故事；閱讀時也有辦法把書中的人物情節幻想出來。讀書就是要把自己溶入書的世界，和書中的人物同歡笑共甘苦。而想要達到這種境界，就必須當事者經驗過可以引發共鳴的行動或體驗。

所以，如果孩子讀書而不能溶入書中的人物世界，或是無法從文字勾畫出情景時，那麼在要孩子讀書前，最重要的是要增加他語言字彙，多給他練習語言的表達和讓他多去體驗。

像在嬰兒時，大人要一字一句地親口傳授，再配合實物的印證，使那些話語讓孩子真正地吸收了解。

到了幼兒期，為了要磨練孩子的五官作用，就讓他走到室外去玩耍，去結交同伴。而這時期每天從早到晚經由遊戲玩耍所得到的體驗和語言的累積，便是往後構成書本那抽象世界的本源。

俊傑的母親說：「當俊傑在上幼稚園時，一個單字也沒記。但那時我並不很在意，因為畢竟這時候我認為『玩』才是最重要的。」今天的俊傑，果然不只喜歡看書，而且還親自動手剪貼書冊，成為一個很愛書冊圖畫的孩子。

從螞蟻洞看讀書訓練

聽了俊傑媽媽的一番話後，不禁讓我回想起，我三個孩子在幼年時代的情景。當我生么女時，大兒子才三歲而二兒子是二歲，當時因為我忙著照顧嬰兒，無暇去照顧這二個男孩，他們也樂得一天到晚在庭院中追逐玩耍。

當時他們就對螞蟻發生了興趣。經常循著螞蟻的行列尋找螞蟻穴，兄弟二人就蹲在螞蟻穴前，很有趣地觀看螞蟻的進出。

有些時候也會把砂土或水弄進螞蟻洞或用樹葉、石子來堵住洞口，當看到螞蟻竟然還能照樣從原洞口進出時，為了解決這個疑問，二兄弟甚至動手拿工具把螞蟻洞挖開，想要一探究竟。

「螞蟻洞大概就是螞蟻的巢穴吧！」

「不知道，拿鐵鍬來挖開看看！」

我想是這個螞蟻洞刺激了孩子求知的本能。他們大概想從螞蟻的身上來想像地下的那一個未知的世界吧！

「下面大概很狹窄吧!?」

「不會吧！要不然它們怎麼會由頭部先進去而又由頭部先出來呢？」

「會不會是在下面的某個地方，有一個ㄩ字形的迴路呢！」

孩子就這樣把追蹤螞蟻而引發出來的疑惑，開始用語言的討論和個人的想像來拼湊那個螞蟻洞的世界。像這樣用語言來累積思考，最後構成印象，這種作用的過程就和讀書的作用有異曲同工之妙。

一個喜歡讀書的孩子，他的想像力一定很豐富，而討厭讀書的孩子，也一定無法體會書中所說的世界。

雖然看到孩子把沙土或水灌進螞蟻洞時，我也斥責他們說這樣做太殘忍，禁止以後有類似的行為出現，但事實上，他們這種行為無異就是一種把讀書印象化的訓練。

幼兒期要以遊戲為主

當時我因有么女而沒辦法給予照顧的二歲次子和三歲的長子，每天只好在院子內玩昆蟲或玩捏土辦家家酒。在大人眼中再怎麼看都是泥團的東西，孩子們有時就把它捏成湯圓、蛋糕或一些好吃的東西。有時興致一高，他們還會用樹葉把這些好吃的食物包來要送給我吃哩！

因為這二個孩子最喜歡吃東西，所以不但遊戲中老是做一些吃的東西，就是當我把嬰兒哄睡後，說要教他們讀書時，他們也總是選擇那種有關食物的書。一聽我在唸書中的食物名稱時，他們就口中含著手指，一臉饞相地盯視著書中的圖畫。

有些書甚至會詳細記載製造食品的材料和過程，孩子聽了有時會把它想成是真實的情景而要求「再做一個」「再做一個」地，吵著要我重複朗讀某一部分情節。等到他們記熟了以後，他們甚至會有模有樣地用嘴巴模擬做東西的聲音，並動手無中生有地做著，然後很得意地——

「媽！這份給您吃，這份給爸爸，這份給妹妹……」

對於孩子會有這麼豐富的想像力和模仿力，我實在感到非常驚喜。但是對於語言和故事，這二個孩子就比較沒有掌握力，也沒有那種把它幻想成事實的想像力。這表示他們只關心自己身邊的事，而對其他則不太在意。不過後來隨著生活經驗的逐漸擴展，他們的理解力也就慢慢地增強起來了。

捏泥土、辦家家酒等，這些都是孩子使書中世界在現實生活展現出來的最好練習，而透過遊戲則更可以讓孩子深刻地領會到書中故事的世界。

2　如何替幼稚園時期的孩子打讀書基礎

立即接受孩子的讀書要求

讀書重不重要？在事事講究學歷、資格的現今社會，多接受一些教育，對未來總有一些幫助。受教育是為將來的生活工作做準備，能夠學以致用，人生旅途總會平順些。協助孩子做好入學準備，對他以後的學習，會有很大幫助。

「媽媽現在來唸書給我聽好嗎!?」

「媽才剛回來現在正忙，等一下再教你唸書！」

「不要啦！等一下媽媽就會忘記呀！」

「這孩子也真囉嗦！我不是說等一下嗎？走開！走開！」

幼稚園小班的美玲，最近突然變得喜歡讀書，每天都黏著老師要老師唸書給她聽。前不久拜託老師替她借一本有圖畫的故事書回家，電視也不看了，一邊翻閱畫冊，一邊等待媽媽回來唸給她聽。然而媽媽卻如此地對待她，失望之餘只好無奈地收起圖畫故事書，去看電視。直到吃完晚飯美玲還是一言不發地鬧彆扭。

「怎麼了？是不是哪裏不舒服？」

「不理你了！媽不唸書給我聽也不要緊了啦！」

這時候看到一臉委曲而悄然落淚的美玲，媽媽想起不久前的承諾，趕緊地抱住美玲，然後叫她去拿書來。

「孩子一喊餓，做父母的無論如何都會想辦法給他弄吃的，但……事實上，當孩子主動要求教他唸書時，再怎麼困難，也應馬上加以重視才對。」

還好美玲的母親在飯後，還能仔細觀察到孩子的異樣，並且馬上加以補救，要是當時她再順口說上一句「囉嗦！不准哭」，那麼美玲以後哪還會有興趣想帶書回來看嗎？

不厭其煩地為孩子講讀他所喜歡的書

有一句話說：「即使錯了也不能說。」

「怎麼又要看這本書呢？剛才不是已經唸過了嗎？再去換一本新的……」一般孩子的習性是一旦看到一本他喜歡的書，他就會想要別人一直反覆地唸那本書給他聽。有些時候，即使對書的內容都已聽到能熟記起來的程度了，但他還是會要求別人一唸再唸。

反而是被央求的人會因而煩膩地說：

「這不是昨天唸過了嗎？今天換別本書吧！」

雖然一個孩子老是要看同一本書的現象，的確會造成父母的不安。不過，兒童讀物並不是什麼教育理論的書，而且只是閱讀文字而不能理解其內容，這也不能算是真正的「讀書」。孩子看圖畫式的兒童書，也只不過是一種遊戲罷了（在圖畫中遊戲）！所以，孩子會一再要求看同一本書，這是他已經變得喜歡書的一種證據。

因此，千萬不可因煩膩而等閒視之。

三歲的幸美有一本她愛不釋手的書——《沒有人在家》。

書中是描寫主角柯芝睡了一場午覺醒來，發覺全家一個人也沒有，於是柯芝跑來跑去地找遍了整個屋子，但是除了她外一個人也沒有……。突然她看到了母親，一顆驚慌的心因安定下來而哭了起來。

這種事情大概是誰都曾有過的經驗吧！不但令人讀起來覺得親切，而且插圖中主角的造型又畫得和幸美很相像，當然，更會引起幸美的共鳴而百看不厭的。

反覆被要求講讀同一本書，這對大人來說或許會覺得很討厭，但是換一個角度來看，要是有一本很合自己的書，大人不是也會和孩子一樣再三翻閱嗎？而因為每次看這本書時都能使人感到無限的喜悅，這就像身體吸收到好食物的養分而能長得強壯一樣，這種發自內心的喜悅能培育出一個心理健康、精神良好的孩子。因此一本能讓孩子想一讀再讀的「書」，應該說是孩子的寶貝。

「啊！今天又借同樣的書回來了。好吧！乾脆媽就買一本給你！」我想像這樣能時常留意孩子的反應，並把孩子愛看的書一本一本地買給孩子，這才是一位真正聰明、賢慧的母親。

為孩子講讀圖書

「一個人看書真沒趣！」

「媽媽怎麼還不快回來呢？」

記得小時候，父母從來就不曾講讀畫冊的內容或故事給我聽。直到我也做了母親以後，才開始享受到這種樂趣。因為我組了一個讀書會，有些時候也會由孩子自己講讀故事或圖畫書給大家聽。而且我發現聽別人講，的確要比自己看有趣得多。

自己看時，不是先看字再看圖，就是先看圖再看字，但絕不可同時又看圖又看字。至於由別人來讀內容時，你只要用眼睛注意看圖畫就可以了。因為書中的內容會變成聲音而從耳朵進來，所以，畫冊中的世界就能很順利地在眼前展開。這樣不但能夠清楚地了解整個內容，而且也使那些圖畫顯得格外地生動，使人有身歷其境的感覺。

所以，圖畫書應該是由別人來講讀，這樣會比自己來閱讀更有趣、更有效果。因此，當您選購或借圖畫書籍給孩子閱讀時，請不要忘了一定要撥出時間來講讀給孩子聽，千萬不要一味地讓孩子自己閱讀。

試想，圖畫書本來只不過是一堆畫有圖畫和一些文字的紙張組合起來的東西。要讓這堆組合發出生命力來打動孩子的心，最重要的，不就是要父母親能夠以充滿著愛心的聲音來講讀圖書的內容給孩子聽。而且這樣做還有一個好處，就是當孩子因本身的生活體驗不夠，或書中的生字太多，無法理解內容時，父母也可以趁機加以詳細地解說。同時，父母親也可以利用講讀的速度或語調來增加氣氛，提高孩子的興趣。

講讀圖書給孩子聽，不但可以促進孩子對圖書的喜好，讓孩子領會到圖書的「心」而且更能培養親子的感情，因此，請用您那貫注著愛心的聲音來講讀圖書給孩子聽吧！

說書、講故事是培養孩子讀書的基礎

經常會有很多父母來問我，要如何才能讓孩子喜歡書籍，我總是對他們說：「這位親愛的家長，讓孩子喜歡書，最好的方法是，從孩子小時開始就經常講讀圖書給他聽。」

我們把唸書、講故事給人聽，叫做「說書」或「講故事」等。只要有過「講故事」或「說書」經驗的人或許都會知道，孩童，尤其是尚未上學的小孩子都會很喜歡聽，而且是百聽不厭。

這種「說書」給孩子聽的作法是培養孩子喜歡讀書的捷徑，而這也是最省錢又省事的方法，奉勸有心教育孩子的父母務必一試。

首先請準備能讓孩子覺得高興又有趣的圖書。這裏所說的有趣並不是指那些低俗的笑話集，而是指那種讀起來會令人感動，能夠讓人從心底感到共鳴的書籍。

接著，把孩子抱在懷裏或叫他趴在身側或對坐在前面，總之，只要能坐或臥在身旁就好了。

講讀圖書內容的人，不論是語調或姿勢等都必須保持自然。不要太嚴肅，也不要故意讓孩子覺得好笑，否則孩子因太緊張或一直咯咯地笑個不停而無法專心，造成不想理解講讀的內容，這樣就失去應有的意義了。

因此，要以平常自然而感情豐富的聲音來講讀，這樣就能在不知不覺之中把孩子引入講讀的書中世界，讓他有如身歷其境似地，與書中的人物共歡笑同傷悲。這樣孩子就能感受到「書」的生命，進而喜歡它了。

當然說書的人其音調和技巧的優劣，對效果的好壞也有很大的影響，但是「熟能生巧」只要稍加練習就可以有一定的水準了。最重要的是，這種事情必須每天持續做下去，才會有效果。

母親的聲音是最具效果的講讀聲

目前市面上有「××人說故事」之類，附帶有請明星或名人灌製CD或VCD的圖書，據說銷路還不錯。我也去試聽了一下，的確，錄的音都很字正腔圓，我想孩子或許也會喜歡，因此買了一套，每天在吃飯時候就試著播放給孩子聽。可是，很意外地，孩子聽了不但沒有什麼感動，有的甚至不想去聽。這跟我親自講故事給孩子聽的情形，結果差得太多了。

因為CD的聲音講得再好，畢竟是機器，沒有辦法掌握到孩子的情緒而適時適當地改變語調和速度，因此，就很難引導孩子進入書中的世界，這樣孩子當然不會覺得有趣，甚至會不想聽。

而且錄音中的話語孩子是不是都聽得懂，這也是一個問題，萬一孩子聽不懂，機器它也無法馬上再重新或改用比較淺近的說法，仍是一直說下去，那麼孩子即使聽了，也是不知所云，試想要是這樣，那麼孩子又怎麼會喜歡呢？

但是，當老師尤其是父母親來講讀圖書故事時，不但沒有這些缺點，而且還有一種CD或VCD所辦不到的好處，那就是它還可以讓孩子感到親情的溫馨。

唯有母親自己的講讀才能讓孩子感到親切，當然中間就是夾雜著方言或鄉音而沒有「字正腔圓」也沒關係。只要是讓孩子能依偎在肩頭或懷抱裏，或母親拉著孩子的手等，一邊講讀圖書，一邊能讓孩子感受到親情的情況下，那是最有效果的了。

所以，請放心地嘗試用自己的聲音來講讀圖書給孩子聽，您將會發現CD所達不到的效果。

製造讀書的氣氛

「老師您說要使孩子喜歡讀書，最好的方法是經常講讀圖書給他聽，所以，現在我每天晚上都很認真地照您所說地那樣做，可是我的孩子卻一點也聽不下去。昨天甚至對我說『再也不讀書了』。要怎麼辦才好呢？」

「您是怎麼做的呢？」

「我是非常盡力了。但孩子就是不喜歡讀書，所以每次我只好『趕快過來這裏坐好，現在是讀書的時間了！』為了怕他溜跑而把他拉過來坐在牆邊。可是我一開始講讀，他就用兩手玩了起來，這時我也會生氣地處罰他。

昨天，就這樣一氣之下，順手用正在講讀的那一本書拍！拍！拍！地往孩子的頭部打了三下。結果孩子哭喊著說再也不讀書了……」

父母望子成龍心切的心情是值得喝采的，但是，這樣的做法，孩子未免太可憐了。因為這無異是一種「刑求」了嘛！又罵又打的，孩子的精神怎麼可能安定，精神既然定不下來，又怎能讀或聽得下書呢？

我想，這位母親大概也是不太喜歡讀書的人吧！而之所以會希望孩子看書只是在考慮書籍的教育效果，希望考試能考得好成績，進個好學校。所以，在唸書時自己心中就定不下來而且表情也過分嚴肅，這樣孩子怎麼會覺得有趣呢？

因此，要孩子喜歡讀書，請先製造讀書的氣氛。用號令式的作法，那不但使孩子緊張，而且會讓孩子產生反感。

所以，除了要選讀能夠抓住孩子心情的圖書外，還要挑選一個能培養出快樂氣氛的時間和場所，然後注意孩子的反應，以充滿愛心和耐心的態度和語調來講讀書本，這樣一來，相信不會有孩子哭著說不想讀書的情形發生了。

即使不認識字也看得懂書

我的女兒在準備上國小時，對圖畫書非常喜歡，經常可以看到她自己在翻看圖書，本以為她大概是認識了很多生字。誰知後來我才發現，她根本就是不懂單字，而只是把故事的內容都暗記下來，然後看著圖片說故事罷了。

於是我很緊張地要開始教她認字，她卻興趣缺缺。每次都很不耐煩地說：「好了！好了！我要去畫葡萄了。」

我女兒上的幼稚園，是用印有圖案的封印，來使孩子便利於區別是否自己的東西。我女兒的識別記號就是葡萄，所以即使她不知道「葡萄」這兩個字，照樣也可以把葡萄畫出來。

因此，即使我試著要慫恿她「要是能認識字就能看很多書哦！而且自己能看得懂書那是令人非常高興的事！」但是「嗯：：不要記字啦！再說書有媽唸給我聽就好了。」就這樣，我的女兒甚至連自己的名字都唸不好就開始去上國小了。

在求知慾旺盛的國小時期，雖然我女兒老是抱怨著「寫字實在太煩了，還是畫畫的好。」可是到了一年級結束時，她到底也學了不少生字。

在那個暑假，她就用所學到的字寫了一封很特別的信給我。因為其中若有她不懂的語句，她就用圖畫來表示。

不過到了二年級時，她就逐漸地開始熱衷閱讀書本了。以前只喜歡圖畫而不想學單字的她，終於也變成了一個喜歡讀書的孩子了。

歸結說來，這大部份就是因為我時常會講讀圖書給她聽的緣故吧！雖然她不記生字，不會自己想看書，但是，經由別人的講讀使她對所喜愛的圖畫更覺得生動有趣，因而慢慢地帶動她自己讀書的意念。

因此，給各位家長一個衷心的建議，那就是在孩子自己能看書以前，請您有耐心地以貫注愛心的聲音來講讀圖書給孩子聽。

3 小學生的書必須是簡易或孩子喜歡的

用耳朵來讀書

當父母親看到自己的孩子終於背起背包，精神抖擻地開始上國小，除了感到喜悅外，心中不免也會對他有許多期許，希望他好好用功變成一個聰明的人。

國小時期也是孩子開始對文字發生興趣的時候。可是，這時大人往往會認為孩子應該能看得懂很多字，而且也能夠理解文章，但殊不知這對孩子來說，簡直是無理的要求。因為在這個時期中，孩子的讀書應該是偏重在多聽師長的講讀，即「用耳朵來讀書」。

而從不斷地「聽講」中，由聲音來構成語言的印象，來了解書中人物的情感，然後再慢慢地輔導他們自己去讀書，即「用眼睛讀書」。

適合孩子用耳朵讀的書籍，最好是選擇章節起承轉合很明顯的書，才較能培養孩子印象，構成組織能力或達到與書中人物同化的訓練。因此像「從前、從前⋯⋯」之類的「老」故事，最為適合。

這些在冬天的火爐旁，夏天的樹蔭下或睡覺的床鋪邊⋯⋯經常可以聽到的「口承文學」，在數代孩童的喜愛下，傳下來的都已是一些主題簡明易懂的「東西」。像「能吃到許多好吃的東西」「變成富翁」「希望娶到漂亮的新娘」等這類主題，都是任何人都有的願望，所以，當然毫無疑問地都能深深地吸引住孩子的心。

因為這些是一般庶民文學，所以表現形式都很簡單明瞭，而且大意也很明顯，因此，不管是什麼樣的孩子都聽得懂、看得懂。用這種書訓練孩子，應該是培養孩子讀書的重點。

要孩子喜歡書就叫他朗讀

我曾經講一篇題目叫做「叔叔的雨傘」的故事給學生聽。這是描寫一位擁有一枝黑色細瘦像是拐杖那樣漂亮雨傘的叔叔，平常對那枝傘非常地珍惜，即使遇到下雨天，也從不開傘遮雨。下小雨時他寧願自己被淋濕，要是下了大雨，他就乾脆躲到別人的雨傘裏去。

有一個下雨天，他偶然聽到一個女孩和一個男孩很高興地在雨中唱著「下—雨了！ㄅㄧㄅㄧㄅㄛㄅㄛ」「下—雨了！ㄆㄧㄆㄧㄔㄚㄔㄚ」，他覺得很有趣，於是自己也把傘撐開來看看。這時在雨天的傘下，他突然感到一份從未曾有過的幸福和溫暖的感覺。

有一次學校剛放學，突然下起傾盆大雨。我趕忙到教職員室拿出備用的雨傘來給孩子們撐雨。當時班上的麗香和欣宜就併肩擠在一把傘下，一邊唱歌一邊唸著：「下—雨了，ㄅㄧㄅㄧㄅㄛㄅㄛ…」一邊走上回家的路。

記得當時在上完「叔叔的雨傘」後，我每天都叫學生回家要唸五次，十幾天下來，沒想到故事中歌詞的部分都唸出韻來了，而且，每個學生的「韻」也都各有不同。因為有人說「ㄅㄧㄅㄧㄅㄛㄅㄛ的聲音是下大雨，而ㄆㄧㄆㄧㄔㄚㄔㄚ是雨快要停的聲音」，也有人說「我覺得ㄅㄧㄅㄧㄅㄛㄅㄛ是雨滴打在水泥地的聲音，而ㄆㄧㄆㄧㄔㄚㄔㄚ是人踏到積水的聲音」……。

有時在上國語課時，我特地舉行朗讀比賽，讓孩子以自己的體會去朗讀，絕不出一些質問故事內容之類的問題，因為我認為，既然孩子都有辦法體會到雨聲的氣氛，那麼哪有不明瞭故事內容的道理呢？

由這個事實發現，叫孩子讀書時唸出聲音，不但可使孩子掌握到書中的印象，並能把書讀出韻律，這樣自然也就能把內容讀出來了。並且能把書中人物的喜怒哀樂用自己的聲音把它表現出來，使孩子達到讀書的最高境界——溶入書的世界中。

所以，要教孩子讀書且喜歡書，就請先從叫他朗讀書本開始吧！

為孩子講他自己挑選的書

看圖畫故事書，是聽別人講讀比自己單獨去看更有趣、更有效。前面說過這除了能感受到親子接觸的溫暖和喜悅外，眼看圖片，耳聽聲音二方面同時作用，也比一個人單獨看時更容易抓住書中的印象。所以，原本自己看書都看不懂的孩子，在聽別人講讀同一本書時卻能深受感動。

而且對這本已經聽講過的書，又會興起自己親自去閱讀的衝動。為了再得到聽別人講讀時的那份感動，而毫不厭倦地一次又一次地閱讀。

那麼，要選讀什麼書才好呢？不用說最好是會讓孩子覺得有趣或喜歡的書。而最好的方法是讓孩子自己去挑選，因為對孩子來說，講讀自己選來的圖書，是再快樂不過的事了。不過，要注意的是，國小一、二年級以前的孩子，比較適合圖畫多文字少的書，二、三年級時就要開始慢慢換成文字稍微多一點的圖書。

另外所選的圖書，圖畫要注意其內容活潑有趣，而且造型具體。還有文字敘述上有問答、對話，像是玩捉迷藏的那種書也不錯。例如《森林裏的遊戲》一書裡，圖畫中便畫著許多動物在玩捉迷藏的情景。

「好了沒有—」「還沒—還沒—」

「好了沒有—」「好了—好了—」

講讀的人就可以利用這種對話，讓在聽的孩子感受到如置身書中世界的感覺，這樣也就能很容易地使孩子產生喜愛讀書的意願。

當然，這也要看講讀的人有沒有用心，有時明明是一本好書，但卻會因講得不好而無法讓孩子引起共鳴。所以，不管如何，既然要讀書給孩子聽，就應該傾注愛心去講讀。

讓孩子自由地閱讀簡易的圖書

如果想要讓討厭書的孩子變得會喜歡書，請先設法了解到底這孩子為什麼會討厭書。

譬如連一些比較簡單的書都讀得很吃力，卻還要他去看一些程度更深的書，這樣不但是一種浪費，而且更會加深孩子討厭讀書的心理。

反過來說，挽回這種孩子的讀書興趣，您只要給他讀一些比較簡明又有趣，像字體又大、圖畫又多又有趣的書，或能夠引起孩子好奇心的書……這就比任何事後的補救措施更有效。總之，簡單地說就是要「對症下藥」，不要被圖書上「…年級適用」等字所拘泥住。

我的第二個孩子在國小二年級時，所看的書，除了教科書外，幾乎全都是適合幼兒看的圖畫書。而且每次我拿一些跟教科書相當的書要給他看時，他就一副痛苦的樣子對我說：「媽，我覺得還是喜歡看那種圖畫書啦！」

為了不忍看到孩子因勉強讀不喜歡的書而痛苦，以致喪失讀書的樂趣，因此，在「讓他只為高興而讀書吧！」的決定下，我最後就允許他只去看他想看的書。

現在我這孩子已經是高中生了。對火車很有興趣，身上隨時都帶有火車時刻表和旅遊手冊，而且對以旅遊和火車為主題的書從不放棄閱讀的機會。另外，某些圖畫書和創作童話，也都在他涉獵的範圍內。

對這孩子來說從圖畫書到純文學，只要是與旅遊和火車有關的讀物，他是來者不拒地「亂讀」一通。對他而言，讀書已經不是為了考試或成績，而純粹是個人的興趣了。這不也是很好的嗎？

國小三年級是喜不喜歡讀書的分歧點

一個孩子進入國小讀到三年級時，就已能表現出某種特定程度的讀書能力了，所以，家長和老師往往都會認為這個孩子已經能自己讀書了，而從此講讀圖書的教育就開始急遽地減少了。

但是，這種年齡層中的孩子，事實上仍處於「自己讀的佔三分，聽講的佔七分」的階段。因此「自己不也能看得懂了嗎？」地置之不理或強制孩子自己看書，對讀書能力還沒完全具備的孩子來說，這種話無異就是在說「你不讀書也沒關係」。所以，這也是國小三年級的學生中，不喜歡讀書的人突然增加的原因之一。

又國小三年級也正值所謂的「好玩年齡」時期，這時候的孩子開始想要結交同伴，行動範圍也逐漸擴大。而且凡事會以朋友為優先，而把父母或老師的話置之腦後。每天不是想和朋友騎單車去郊遊，就是想到野外池沼去抓螃蟹、魚蝦等等。

所以，為了避免在這個階段中斲喪孩子愛讀書的心，除了不要放棄講讀圖書的習慣外，在給孩子選擇圖書上也要考慮孩子這種好玩、以朋友為重的傾向。

例如，選一些充滿冒險驚奇的旅遊故事等，足以引發好奇心的圖書，或充滿友情光輝的童話。

像我一找到這樣的書，不但會講讀給學生聽，而且還叫學生每天不斷地朗讀，有時也讓他們照著書中的遊戲方式去玩耍。而孩子們不僅熱衷地翻讀，還經常吵著要我去幫他們找同類的書。

小學生尤其是國小三年級的學生是好玩的，但若要孩子不因此而討厭讀書，則必須懂得把孩子好玩的心跟書本結合起來。

聽孩子朗讀書本

曾經有人提倡「母子的二十分鐘」讀書運動。其主要是讓孩子輕聲的唸二十分鐘左右的課外書（教科書以外的書），而母親則陪在孩子的旁邊聽（邊做事邊聽或仔細聆聽皆可）。

我就經常要求三年級的學生回家時要請媽媽來實行這個讀書運動。因為即使孩子到了三年級，讀書的能力還是「自己讀的三分，聽講的七分」，一個人讀書是讀不來的，所以這時如有媽媽在一旁聽著，給予鼓勵加油，一定會產生很好的效果。對於不喜歡讀書的孩子，父母正好也可以利用這個方法來矯正。德彥的母親，就是這樣。

「以前我家德彥，每次放學回家就要跑出去玩，後來我開始強制陪他做功課讀書。但是偶爾我一去接電話或做一點事，他就趁機溜出去，不玩到天黑絕不回家，回來以後就為了吃飯、洗澡、趕作業……等忙得沒完。

最近我一改強制的手段，開始實行溫和的讀書運動，雖然一下子要從原本的斥罵改為輕聲誘導，是非常不習慣，可是，辛苦終於有了代價，幾個月下來，德彥已經開始喜歡讀書了。」

德彥的母親經過三個月的努力終於使德彥改變了，可見「母與子的二十分鐘」讀書運動確實深具效果。您的孩子不讀書嗎？您希望孩子喜歡讀書嗎？賢明的父母們，現在開始並不晚，請趕快來實施這種二十分鐘的讀書運動。

選書請問孩子的意見

要選購孩子的書，自是應該採納孩子的意見才對。如果孩子喜歡的都不選購，那麼，孩子也不會伸手去拿那些書來看。不過，這麼一來不禁有人會擔心「要給孩子看的跟孩子想要看的書是否不一致」或「買書都只照孩子的意思，會不會產生偏頗呢？」

在選書的時候，如果能設身處地考慮到孩子的立場，而以「現在的孩子會對什麼有興趣呢？」的想法去選書，或許所選的書就能得到孩子的認同。要是一味只選所謂的好書，即全由教育的觀點來選書，那麼，孩子的反應就很難說了。

甚至有的家長只是要讓孩子趕快多學一些生字，趕快多學一些東西使孩子變聰明一點，多讀一些道德教育的書而做一個乖巧又孝順的孩子，因此，就硬塞那種道德性或教養方面的書給孩子，像這樣孩子當然就會興趣缺缺而對書敬而遠之了。

以前就有一位優秀的老師，犯過這種錯誤。

在日本曾有一本書叫《代做習題的公司》，很受到一般學生的喜愛。但這位老師卻怕孩子看了以後會「變成討厭做習題」、會「結黨來批評老師」，因此禁止學生看這本書。

事實上，有哪一個學生會喜歡做習題呢？誰不希望能到一個沒有習題的「國家」去呢？所以，真的要是有幫人做習題的公司，又有誰不想去利用看看呢？像這麼一本很適合現代學生的書卻被列為禁書，我真是為那位老師的視野狹窄感到可憐。

這位老師另外介紹一本《可愛的大象》給孩子。這本書是藉一位動物園的動物飼養員和一隻大象的接觸經過來描寫戰爭的殘酷，也是一部好作品，而這位老師的用意也是想藉此書來灌輸孩子愛好和平、反對戰爭的思想。可是，對於沒有戰爭經驗的孩子來說，光看文字他們是無法具體地體會出戰爭的可怕，自然也無法有所共鳴了。

因此，即使孩子看了這本書，心中無法體會到書中的含意。這樣一點也不會感動的書，看了也是白看，而且久了，也會使孩子提不起看書的興趣。所以，在為孩子選書前請別忘了再問一次——「這本書適合孩子看嗎？」

買書不要只看價錢

偶爾我也會受邀到某大書店做圖書購買指導員。

「可否給我做個買書建議！我這孩子已經在讀國小二年級了，可是卻一點也不喜歡書，請問有沒有適合這孩子看的書籍呢？」

後來這位母親又告訴我說，她的孩子對交通工具，尤其是火車特別喜歡，經常在房間的地板上畫滿著鐵路線而一個人熱衷地玩著，因此，我就建議她買《淘氣的火車》和《火車小叮噹》。

這二本書是最能滿足那種頑皮孩子的好奇心，而且當那孩子看了書後，也很興奮地央求媽媽購買，於是這位母親便很乾脆地買下那二本書，不像一般人那樣還要先看看書的價目，然後再斟酌到底要不要買。

經常我看到一般家庭主婦購買東西的情形經常是，買衣服時希望大一點的，買鞋子要大一號的，再看接縫是否裁縫良好……最後，甚至再看看實物看起來是否比定價更貴。當然到書店替孩子買書時，她們也不會忘記要把這一套主婦的處世智慧搬出來用一用。

「既然價錢都一樣，那麼，買頁數多一點比較划算，字小的也比字大的划算，注音符號太多就不能訓練孩子趕快看懂很多生字……」甚至計較封面有沒有彩色或燙金字等等。

可是，買書應該不同於買一般物品，買書不只是買紙，更重要的是要買其內容呀！一本外表看起來再怎麼漂亮的書，如果孩子不喜歡看，那就一點價值也沒有。因此，買書請買孩子喜歡看的書，而不要只在意其份量或外表。

讓電視兒童喜歡讀書的秘訣

一位圖書館管理員曾經這樣說過：「常有許多母親來預約的書籍，都是那些正在電視上演的電視劇原著。像前一陣子演『少年阿信』時，就是這樣，要來借原著去看的人一下子蜂擁而來……」

就像「阿信」迷的母親們一樣，小孩子一旦對電視節目發生興趣時，就會產生一股想預知結局的衝動而去閱讀原著。另外，就是孩子在看過原著後，到學校還可以有機會向其他沒有看過的同學講說結果，而得到成就感。

看電視是很有趣而且會令人入迷，所以，我想大多數的家庭都會限制孩子看電視的時間和節目種類吧！不過您是否試著想過，利用這種會令人著迷的電視節目來當做使孩子會喜歡讀書的橋樑呢？

話雖如此，電視和書其本質仍是不同的，如果我們把必須自己去閱讀並想像其情景的書，與能把書的內容變成畫面聲光，映現出來的電視放在一起，說「電視和書，你要選哪一種呢？」我想「書」絕對會落選的。

但如果我們把它們的功用個別分開，「要想早一點知道結局或更徹底地了解放映部分的內容，那就唯有看書」。像這樣解釋，孩子必然也能接受才對。

不過，一開始不要把那種內容太深、程度過高的書介紹給孩子，而只要像卡通的漫畫書即可。

配合著電視節目來勸誘孩子看書，這樣就可控制孩子看電視的行為。「今天要演的，早已從書上得知了，今天不看電視」。只要好好地利用電視和書的關係，電視兒童還是可以變得愛讀書的。

四、五年級的男孩子愛讀傳記書籍

一個在歷史上閃耀著光輝的偉人，其孩提時代，幾乎都過著很艱困的生活，而且大都是歷經艱辛，不斷地努力才出人頭地的。所以，很自然地許多父母都希望自己的孩子能以這些人為榜樣，最後也成為一個偉大的人物。

不過，通常孩子會想閱讀傳記書籍，大概是在三、四年級的時候。這個年齡層的孩子，已開始產生自我意識，反對大人強迫他們看的書，因此，為了找尋自我的人格而轉向傳記書籍。

幼兒期的孩子對食物和玩具比較關心。到了國小三、四年級以後，這種心情就慢慢地轉變成對人的關心了。而且在國語教科書中也開始編列有偉人傳記，在歷史或社會課中也經常有機會可以聽老師講述歷史人物的出處和其功績，這也是促使孩子對傳記發生興趣的一個過程。

大概在三年級開始，孩子就會產生團體意識和尋求同伴的意識，到了更高年級時，就會有以傳記為資料來探索自我人格發展的欲求。所以，這時他們看這些書並不是只為了欣賞那些偉人為人所熟知的事情或趣聞軼事，而是想了解這些人所處的歷史背景、他們的功績和行為。

給孩子讀傳記時，最重要的是要避免流於說教的形式。能夠有傳記傳世的人，都有其轟轟烈烈的一生，所以，單讀其一生事績就已夠吸引人了。這時千萬不要動不動就很教條式地訓示孩子「所以呀！你也要努力用功……」，這樣一來不只是傳記，就是所有的書，孩子也會望而生懼，不敢一讀。

4 讓孩子喜歡書的小智慧

和作家或畫家做朋友

我在講讀或介紹圖書給孩子時，一定會把那本書的作者或畫者的名字介紹給孩子。例如：

「這本書的作者是穆華女士。她已經做了三十多年的教師，是一位很和藹很喜歡講讀故事給孩子聽的老師。因為她一直努力於寫一些能讓小朋友喜歡的書，因而成了作家。現在她就住台北縣。」

「這本書的圖畫是由俊良先生所畫的。這些圖畫看來是不是很面熟呢?上一次我們看的那一本書的圖畫畫家，也是俊良先生呀!」

像這樣把作家簡歷或曾經發表過的作品稍微向孩子提示一下，有時也會收到意想不到的效果。

一年級的毓昌因為對某位畫家的畫很喜歡，所以，他就把這位畫家所畫的圖書都設法借來看。六年級的文珍則是因為聽說作家穆華是一位有多年教育經驗的和藹老師，而對穆華老師的作品讀得很細心，並且還和她通信、做朋友。

在國小一、二年級的學生中，也會有因對作者發生興趣而一直看同一作家的作品。同一作家的作品中，通常有簡單的也有困難的。因此，如果孩子執著地讀固定一位作家的作品，經常會讀到超過他實力以上的書。同時，由於對於該作家的文筆不但熟識而且有一種親切感，所以，讀起來卻也不見得無法吸收。因此，讓孩子和作家或畫家親近，也可以說是提高孩子讀書水準的一個好方法。

用漫畫書來激發孩子的讀書心

有一次，我被分派去擔任五年級的導師。記得剛開學時三位女學生就跑來問我

「老師，可不可以帶漫畫書來看呢？」當時我不經意地就回答說「沒關係！」想不到，隔天上課我到教室時，卻見全班學生一片寂靜。心想不知發生了什麼事，仔細一瞧！哇！乖乖！原來大家都正低著頭猛看漫畫書。

「你們都很喜歡看漫畫書嗎？」「是—的！」「為什麼呢？」「因為很有趣」「很容易看得懂」「能讓人幻想」「主角的遭遇很吸引人」。

後來我又問「經常在什麼時候看呢？」「有空閒的時候」「想要輕鬆的時候」「精神焦躁不安的時候」。

聽到孩子這些話，不禁讓我想起小時候的我，為了怕父親禁止而偷偷摸摸地看小說的情景。

一般說來文學性高的書大抵都是措詞用字稍微深一點，所以，沒有相當的理解力是不容易體會得到的。如果這種內容涵意很深刻的書，要是也有漫畫書來顯示其旨趣，像要看《湯姆歷險記》的書，就先看其漫畫書，這樣孩子豈不是能很輕易地了解其旨趣，等對該故事有了了解後再來讀其文字，那不是更能看得懂，而相對地提升了讀書的能力嗎？

對於一個已開始會思考自己未來五、六年的孩子來說，他們將從何處去擷取創造自己人生的能力呢？事實上，只要讓他們有所感動的，不管是漫畫書或是其他書籍都是有潛移默化培育這種能力的功能。

因此，讓心中正蘊藏著極其敏銳感的孩子，多去讀他所喜歡看的書，不但有益無害，而且更會使其讀書能力倍增。

孩子想看的書就給他看

因為我家二樓是開放給孩子看書用的，所以，每到禮拜六的下午，就集滿了許多小朋友。

同在上幼稚班的義貞和雅淑兩人經常結伴同來，但是有趣的是兩人年齡相同，但所選看的書卻大不相同。義貞喜歡找那些圖畫得很詳細的圖畫書，然後找個位子靜靜地看；而雅淑就不一樣了，毛毛躁躁地，一邊選書，一邊口中唸唸有詞「看這本吧！」「不！還是這本好！」總是拿了很多書出來，但卻遲遲無法決定要看哪一本書，而且他看的書也都是以動物為主角、書名新奇有趣的書。

一般說來，兒童讀物在封面都常會標示著「×歲兒童適用」的字樣，但是看到孩子們選書的情形，不禁對這種建議感到疑惑，因為像義貞和雅淑就是很好的例證了。孩子的性格不同，所愛看的書也會有所不同。

因此，在兒童讀物標上適用年齡的字樣，這種作法，似乎並不正確。而且一旦有了限定，則「怎麼又借圖畫書而不借文字多一點的書呢？」「已經五歲了，就看五歲適用的書，不要看這種幼稚園的書了！」有些時候，孩子即使想看某些書也無法如願。

孩子讀書是只要有興趣，就是難一點的書，也能讀得入迷。而且縱然是漫畫圖書也照樣能津津有味地讀。每個孩子都有其個性，因而會令他感動的地方也各有不同，所以，只要孩子想看的書就拿給他看，不要太拘泥於那些書的適用對象問題。

說書給高年級的學生聽

綺芳在五年級時寫了這篇作文：

「我們的老師經常唸書講故事給我們聽，而且所講的大都是小孩子的故事。他是一位很特殊的老師。

每次老師講完故事後，經常都要我們寫感想。起先我們都很討厭，但是，最近喜歡寫的人卻逐漸變多了。老師講故事的時候，臉上總是掛著微笑。

可是講到恐怖的地方，老師的臉就會變得像要和人打架那樣的難看；講到有趣的地方，臉上的表情就變得很有趣；有時講到悲傷的事情，老師也會掉眼淚……總之，我的老師是一位很特別的老師，我很喜歡聽她講故事。」

綺芳今年已經是國中三年級，最近還寫了一封信給我，信上說「真想再聽老師講故事」。聽人說書講故事大概是孩子最大的快樂吧!?

或許有人會擔心說，老是聽別人說故事，會不會使孩子因此變得不看書呢？其實這是多慮。依我的經驗，每次我在講某書的故事時，學生便馬上說：「老師請把那本書借我們看！」畢竟孩子總有「希望親眼一睹聽別人講過的東西」的慾望。知道了書本能給人帶來樂趣後，又由於本身已是高年級，具有相當閱讀能力，所以，會開始喜歡接觸書。多看書，讀書能力自會提高。其中唯要注意的是要講給孩子聽的書，一定是要孩子有興趣的書。

誘導本來討厭讀書的孩子讀書的秘訣

「老—師—有沒有介紹甲蟲的書呢？」

在一個艷陽高照的週末中午，建銘從外面就大聲喊著跑來。手上還抓著一隻大甲蟲。

建銘今年四年級，很好玩又不喜歡看書，沒想到那天一放學就第一個跑來我家要看書借書。

「老師！這隻甲蟲是我在上學途中抓到的，我們要把它養起來！」說著就把手上的昆蟲拿到我的眼前一晃，然後就跑到圖鑑和昆蟲叢書的書架那邊去，找了一本《昆蟲圖鑑》和科學圖書《甲蟲》，然後坐在角落處專心地看著，回家時還借走了三本圖鑑。自從那天以後建銘幾乎每天都來看書借書，而且他所看的都是圖鑑和科學讀物。於是有一天我就想試著改變他的讀書習慣而主動地對他說：

「建銘，不要老是看圖鑑，看一點別的書好嗎？」

「會有什麼好書呢？我最不喜歡字印得密密麻麻的書。」

「建銘，我來告訴你有什麼好書吧！就是這本《鐮刀蟲的故事》！這是一本敘述飼養甲蟲的故事書。」

「真的嗎？那麼，借我回去讀讀看。」

那天晚上我接到建銘的母親打來感謝我的電話，原來平常不愛讀書的建銘那天回到家，不但不再跑出去玩而且電視也不看了，一直讀從我這兒借回去的那本書。

「建銘那本書不錯吧！」「嗯！還好啦！」接著我更趁機把法國昆蟲學家法布爾研究昆蟲生態的八卷《昆蟲記》推薦給建銘看，結果建銘不但真的很用心地把這些書一一讀完，並且自己也開始飼養昆蟲，而不再做無謂的嬉戲，變成一位對昆蟲很有興趣、而又喜歡看書的孩子了。

購買大人小孩都喜歡看的書

前不久在一個偶然的機會中我被要求再去填寫一份履歷書。當時在那表格的趣味欄中，我毫不猶疑地就填上「讀書」二字。

跟一般職業婦女有所不同的是，她們把支出花用在買服裝和化粧品上，而我卻是用來買書。因此，說我的興趣就是讀書應該是當之無愧了。不過，我所看的書大都是童話和圖畫書，所以，有些時候也會有被孩子拿去看的情形。不知不覺中，這些書就變成是我們母子共有的了。

有些父母只知道叫孩子讀這個讀那個，買了一大堆書回來堆在孩子的書桌上。表面上看來，這種父母好像在關心孩子的讀書，可是這種作法反而會使孩子討厭讀書。再說與其只買書給孩子看，為何不買那種您自己也可以看的書呢？

通常，孩子對父母親在看的書都會有一探其究竟的好奇心。所以，要是孩子一翻開這些書也覺得有興趣的話，那麼，豈不是也會拿去看嗎？

因為職業的關係，我經常需要買一些兒童讀物和圖鑑來做教學參考。正好這些也都是孩子比較容易看得懂而又有興趣的書，所以，有時當我在準備隔天上課的教材時，孩子也會很高興地主動為我去拿我所需要的書。

一本父母親看的書，不知不覺中孩子已接手在看，不但孩子看書時會有父母如在身邊伴讀的溫馨感，而且父母親也能在幾度的驚嘆，如「這樣的書你都已看得懂了呀！」實質地感覺到孩子的成長。並且由這種事情不斷地重複出現後，更能使親子彼此的了解更加深刻。

務必要回答孩子的疑問

通常小孩成長到三、四歲時最喜歡東問西問，一下問「這是為什麼？」一下子又懷疑「怎麼會這樣？」有些時候甚至會有一些莫名其妙的疑問。

這時候大人一定要妥善地為其說明解答，讓他的求知慾獲得滿足，這樣才能使這個孩子真正地長大成人。

想要趕快長大，趕快知道很多事，這是人與生俱來的本能，所以，只要是孩子都會很明顯地具有這種傾向。當一個高年級的孩子一旦對他的老師有相當的信賴感或安心感時，他那種好疑問的本性就會毫無遲疑地表現出來。我的孩子到了上高中的年齡都還很喜歡向我問這問那。

「媽—，剛才電視報導的新加坡是在哪裏呢？」

「在亞洲。菲律賓群島中的一個島嶼。」

「沒有呀！那裏也找不到呀！」

「不可能吧！來！我來查查看！呀！真的沒有！這張地圖太舊了啦！」

「唉呀！錯了啦！新加坡是在馬來半島的前端。」

像這種情形，對於年紀稍大的孩子的疑問，做父母的偶爾反倒會鬧出笑話。但是，只要能關心孩子的問題，和他一起去查字典或參考書找解答，也可以讓孩子知道該如何去利用參考書或字典解決疑問。

把所知道的答案，直接告訴孩子，這雖然是一種很簡單的處理方式，但久而久之，反而會養成孩子怠惰的心理，認為有不懂問就好了。因此，除了對尚未具備相當閱讀力的孩子可以用直接的方式來回答其疑問外，對於年齡稍大或已有相當閱讀能力的孩子，應該輔導他利用查參考書來解答自己的疑問，這樣才能使孩子具有積極求知求進步，並喜歡讀書的個性。

鼓勵孩子寫信給作家

雖說寫感想文是最好的讀書方法，但是，十之八九的孩子都很討厭寫感想文。因為喜歡讀，並不一定就喜歡寫，更何況是強制要寫的作文，這是不會有人高興寫的。不過，要孩子喜歡動筆寫字應該也是有辦法的。

最重要的是先要消除抗拒寫字的心理，不管他寫了什麼都要給予贊同或表示有所同感，不可加以嘲笑或斥責，換句話說，就是要培養他寫字的安心感，然後再替孩子找一個容易下筆的題目。儘可能找一個能讓他覺得「好像很有趣的樣子」，而有試著去寫看看的意願。

我就經常鼓勵以要和作家交朋友的心情來寫感想文。「大家儘量把自己覺得有趣，或希望作家在某方面能多寫一些等等感想都寫下來寄給作家，這樣作家就能創作更好的作品。」鼓勵孩子們以批評家的觀點來寫信給作家，這樣孩子們都感到相當的刺激和高興。透過這個行動，孩子們不但可以提高作品的質，同時也提高他們讀書的水準。另外最讓孩子感到高興的是，他們能夠和書的作家交流。

當孩子接到作家們的回信時，那種喜悅真是筆墨難以形容的，甚至有些作家會把孩子的信刊在書刊雜誌上，這無形中又會使孩子感到相當的振奮，因此，除了會很喜歡繼續讀書外，還很願意自動自發地「寫」下去。

如何買名著系列讀物

父母親想要孩子讀書的時候，大部份的人都會考慮買所謂的世界名著系列。甚至一買就是一整套，不論尺寸大小、厚薄、顏色等都相當美觀，擺在書架上既不會凹凸不平，而且書背文字也很調和，真是氣派。

另外，要買全集給孩子看的原因，有時也是因為裡面收錄的內容是做父母的以前看過或聽過而想再看，即父母為了自己想看而買的。

然而買系列的書給孩子看，要注意的是那裡面的內容是不是全部都適合孩子的能力。因為本來這些內容並不是為了構成一個系列而有計畫地寫下來的，原本它們都是長短不一的單行本，只是後來有人為了要出全集或系列叢書而重新編寫或摘要出來。因此，一套低年級適用程度的世界童話名著系列中，就有可能會夾雜著一些需要很高程度才能讀得懂的古典作品。

而且我認為既然是「名著」，就應該在孩子的適當年齡時，完完全全地介紹給孩子看，而不要只用一些摘錄的情節或改寫過的故事來充數。

因此，當您要購買一整套圖書系列時，希望也能以這個觀點來重新審視那些內容，這才是最賢明的作法。

想想自己的孩提生活

誰都會有孩提時代，但是一旦變成了大人，大家好像很快就會把那個童年忘掉似的，對孩子甚至一開始就表現得一副很了不起的樣子。然而，請再想想您的孩提時代的生活吧！

當您回到童年短小的身軀時，就大概能看得到各種事情吧！

「媽媽，妳看妳看！」我的孩子經常這樣地來叫我，然後用他的小手指著路旁蒲公英的花朵，或地上螞蟻頻繁進出的螞蟻洞。當他看到蝗蟲或蜥蜴時，也同樣會跑來叫我。

接著請再和小孩子說說話，您的聲音大概會變得比較溫柔吧！

我的孩子在他剛開始讀國中的時候，就曾有一件事情讓他覺得很受不了。

「媽媽，國小老師要和學生說話時，都會主動走過來蹲在桌子旁邊，保持和學生同樣的高度，然後才說話。可是國中的老師就不一樣了，國中的老師總是站得高高地由上往下地向學生說話，實在很令人受不了。」

國中和國小不同，會在校內發生暴力行為的學生變多，所以，老師必須經常保持威嚴的姿勢。但是，孩子卻反而要求老師要和自己站在同樣的立場，於是對這種由上往下壓的姿勢，很自然地就產生本能的反抗。

這種心理，對父母親也一樣會有。因此，如果父親能講一些自己小時候頑皮的事，可能會比一味地只知拿父親的威嚴來管孩子，更能夠得到孩子的共鳴。

孩子能很貼切地感到父親的存在，父親的形象就會在孩子的心裡逐漸地擴大。孩子自然會喜歡去接近父親，把父親當做是生活的前輩，一有事就會找父親商量。

站在孩子的觀點來看人生，這就是兒童文學的原點。孩子在聽父親的故事，這就等於是和讀書一樣。又因為其題目是自己最關心的「我的父親」，所以，當然會深受感動。從這種對話聊天中，自然能發展成對讀書的輔導，再來讀書，就像是讓孩子多和其他人接觸罷了……。

第四章

用讀書來培養孩子的鬥志

1 讀書會產生許多意想不到的效果

讀書才是讓人成長的食糧

我對自己的期望是能養育「富有豐富情操、生氣盎然又成績良好」的孩子。因此，在有了孩子以後，我到處搜讀育兒書籍，最後得到一個信念，那就是「用書來養育孩子」。

一旦認定了就會全力投入的我，於是在本已捉襟見肘的家計上，毅然撥出買書的經費，經常買書回來唸給孩子聽。後來孩子增加了，我更是讓小的坐在膝上而把大的夾在兩腋，繼續不斷地唸下去。

想來，在那一段日子裏卻是我們母子彼此最親密而又相處最長的時候。現在看來，我當初的苦心果然沒有白費，我的三個小孩也都很喜歡讀書。

可是，讀書歸讀書，成績上卻沒有那麼突出的表現，而且行為也很頑皮搗蛋，片刻也靜不下來。不但喜歡抓一些昆蟲、動物到家裏，而且玩泥巴，有時還塞滿一口袋的小蟲而到處蹦跳。上了國小，成績從來就沒有機會讓人誇讚過。自我意識又太強，時常有反抗老師之類的問題發生，讀書也是只讀自己喜歡的書而已。

使得我當時甚至開始懷疑讀書真的有用嗎？要不然我家的孩子怎麼不但成績不見得好，而且品行上也不見得乖呢？因為討厭孩子而把他送去補習班的做法，一點意義也沒有，即使我辭了工作，甚至收起孩子的書，然而孩子的情況仍一成不變。

不過，這畢竟是我的誤解！讀書即使沒有什麼功用、即使沒有辦法提高成績，但讀書的人總比不讀書的人快樂。只這一點不就足夠了嗎？於是，我還是堅持著用書來養育孩子的信念。

直到孩子讀國中開始，讀書的必要性終於顯現出來了。孩子要如何來找尋自己的人生目標，設計自己將來的生活，這些無非都需要學問和讀書。多讀書的孩子由於知道書中人物的生活經驗，並從中體會到如何與人為友、待人處世的原則，當然很自然地就能認清自己的人生方向，而堅定地踏上人生的旅程。

讀書可培養孩子具有獨立的個性

孩子都是喜歡電視和漫畫書的，得自映像或圖畫的印象也是大家都一樣的。可是看書就不同了，個人的讀法不同、想像不同，對書中故事的印象也就不同了。

我很喜歡講故事給孩子聽。對低年級的學生我會講那些有圖畫說明的，但對年級稍高的孩子，我多半是不給他們看圖畫而要他們光用耳朵聽，用腦筋去想。

有一次，在接近聖誕節的一個嚴寒的天氣裏，我對一班三年級的學生講一篇「賣火柴的少女」的故事。我對這篇故事也很喜歡，幾乎已經可以把它背誦下來，因此，我就不看書本而看著每位孩子的眼神講故事。

故事講完後，應孩子們的要求，我每個人給一張圖畫紙讓他們畫出自己的感想來。結果，令人很驚訝的是，大多數的孩子都是畫一根火柴棒的火焰中，一棵搖曳的聖誕樹，憐憫少女的婆婆正來接引少女到天國去的那段最高潮的景象。其中的人物造型則隨個人的感受而各有不同，但大致說來那位少女都畫得很可愛，那位老婆婆的造型則顯然有很大的出入。

原來是他們都把那位少女想成自己，而老婆婆的造型則都是採用最疼愛他們的親人。因為講這篇故事時，並沒有給他們看圖片，所以，他們都是完全憑自己的想像來做畫，也正因為如此，所畫出來的畫才表現得多采多姿。

本來讀書也就是這樣。同樣讀一篇故事，每個人所描繪的印象都是不相同的。

但是，如果讓孩子看那種有圖片參考的書或電視，那麼，他們想像畫中的人物造型大概都會不約而同。如此則一點也表現不出孩子有任何獨特的個性。

讀書畢竟和看電視不一樣，而且我堅信要讓孩子富有自己獨立的個性，惟有教育孩子讀書。

讀書可使孩子富有感性

讀書是件快樂的事，但如果為了考試而讀書，相信很多人都快樂不起來。

從小我就是在「真是用功的孩子」的讚美聲中，被養育長大的。每天就只知道用功考好成績來滿足師長的期待，而白白地虛度了人生最美麗的青春時代。直到結了婚後，我好不容易才脫離了這種被期待的苦海。

我的丈夫是一位標準的在鄉間長大的人，在他的想法中總認為「妻子只要在家照顧孩子和燒飯洗衣就好了」，因此，使我在做任何事時都顯得很輕鬆，不需在意與人爭長論短。最後，我也辭掉工作，每天在家和自己的孩子過清閒的生活。

於是，我每天都有很多的時間來唸書講故事給孩子聽。有些時候把孩子或抱或擁地、母子圍在一塊，也令人覺得好不幸福。

在講讀故事時，也經常可以發現孩子因感動所發出的各種反應。從這些反應中我可以很清楚地知道，孩子已融入故事的世界裏了。當我講一篇快樂的故事，他們的臉龐就閃耀著明朗的歡笑，如果是一篇悲傷的故事，他們也會頻頻掉淚，而如果是恐怖的故事，他們更會戰慄地緊緊抱住我。有些時候聽講得興起，大家甚至就學著書中的方法來玩遊戲、或玩歌唱比賽、或跳舞。

像孩子這樣能夠從內心的深處湧出其讀書後的喜悅，這在我當時只為爭取好成績的讀書生涯中，似乎從來就未曾有過。直到和孩子讀書時，我才深深地體會到這種感受。於是我開始能體會到書中人物的心情，也開始能和孩子學著書中的情節那樣面對著佈滿彩霞的天邊吶喊。

以前只知為成績讀書而對外界自然的遷移很遲鈍的我，也開始喜歡在自然中嬉戲了。我和孩子一起在庭院中栽種花草樹木，會憐恤被丟棄的小貓，想要和飛來庭院中的小鳥做朋友。

於是我會覺得雨後的八仙花「很美」，會想到被拋棄的小貓「很可憐」，對別人的親切或盛意會有感謝的心……等等，這些心情都逐漸地從心底湧現出來。

給孩子們去接觸那些好的作品，而培養出他們能真實地去感受什麼是美麗、什麼是悲傷的感情。

讀書能培養孩子溫和、體諒的心

每個禮拜六下午，附近的孩子都會到我私人開放的圖書室來看書。來的孩子從幼兒到國中生都有，非常熱鬧，因此，戲稱我家「簡直就是小人國」。

來這裏看書或借書的孩子對那些年齡才三、四歲的幼童都非常愛護，大孩子們經常會去牽這些幼童的手，摸摸他們的頭或抱抱他們。有些時候這些連幼稚園都還沒上的幼童，也會在讀書室的門口處，等這些大哥哥、大姊姊放學回來。

讀書的功效之一就是讓看書的人能把感情融入書中，能和書中的人物同歡笑共悲傷。這樣不斷地反覆下來，在孩子的心裏就會培養出站在他人的立場來想事情的「體諒」或「關懷」，而用言語或行為把這份情感表現在一般人與人之間的生活接觸中。

這份關愛和體諒他人的情感，通常大概是最容易表現在年幼需要別人照顧的幼兒或身體有不便的孩子身上了。而在我的讀書室看書的孩子，會那麼喜歡幼小的孩童並給予照顧，不就是這一心理的表現嗎！

「我來替眼睛看不到的孩子做一些他們也可以讀的書吧！」

國中三年級的雅莉和文茜，就曾這樣自告奮勇地，多方請教師長而製作了許多盲人用的觸摸圖書。五年級的清妤也為照顧餵食一位自閉症兒，自己做了一些圖畫讀物。

當然，抱有「和比自己年齡小太多的幼童玩會變傻」或「和有障礙的孩子一起會被傳染」等殘酷觀念的母親，也並不是沒有。但是，一個不願或不會去關懷、體恤比自己弱小的孩子，當他長大以後是否能真心地來照顧自己老弱的父母呢？

賢明的父母們，請用讀書來教育，養成孩子那種會「關懷」和「體諒」的心吧！

讀書能培養真正的人性

「媽媽，您要把這本書怎麼樣呢？不會是要把它丟掉吧？」

「不可以！不可以！這本書我要留下來，以後說不定我還要讀給我兒子聽呀！」

有一天正當我下定決心想把么女小時候和她哥哥都喜歡的書處理掉時，沒想到卻遭到已經在讀高中的么女強烈的反對。

記得小時候的她，很喜歡看圖畫故事書，每天晚上若不唸故事給她聽，她就會睡不著，而且每天都要唸她最喜歡的那一本童話書。

因為現在有些書已經太老舊了，所以，我就想把那些已重新購買過的老書處理掉。但是，么女好像對那些破舊、封面滿是塗鴨而到處用膠帶修補的老書很執著，很慎重地把它們都收放在一個「回憶箱」中。

此外，那個箱子裏面還裝著剛出生時我親手為她縫製的襯衣、鞋子之類可以讓她感受到父母愛心的東西，還有小時候和哥哥們玩遊戲時做的「筷子槍」，因手垢而已經玩髒了的指套布偶，和曾經伴她度過無數個童年往日的洋娃娃。這些在別人的眼中看來是一堆破爛的東西，但是，她卻視同是自己一部分般地愛護。

而那些破破爛爛的圖畫故事書，卻是賦予她具有一個多采多姿童年心靈，至高無上的寶貝，所以，她怎麼也捨不得和那些書分開。

我想圖畫故事書對她來說，是具有和父母親相同的影響力吧！當我們在閱讀書本時，會和書中人物的境遇產生共鳴或排拒，而這就是我們的人性受到刺激和磨練的表現。我想對童年的圖書能有這麼愛護心情的人，他（她）的人生一定是非常多采多姿的。

讀書可以預防暴行

每年，我們多少都會耳聞少年的暴力事件。那些發生暴力事件的少年，又幾乎都是那些身體與常人無異，智能也沒有缺陷，然而，卻被認為不會用功、跟不上進度、讀書能力較低弱的學生。因此，我們可以發現那些會演出暴行的少年都有一個共通點，那就是——他們都沒有「讀書」的習慣。

讀不讀書和讀書能力有很大的關係，學力低弱和人格低落的暴力行為，似乎是分不開的。而讀書應該可以說是解決這個問題的關鍵吧？

不久前，我所舉辦的讀書教室得到文化基金會的獎助金，在贈送會上，就有一位兒童文學家講過這方面的話，他說：「讀書運動是化解暴力事件的對策。尤其是親子讀書運動，正是扼止青少年暴力事件的藥石。」

但是，今天青少年暴力事件卻逐漸地低齡化，我們若再不設法加以防止挽救，恐怕像美國那種青少年頹廢的現象，將旋踵發生。

惡名昭彰的美國紐約貧民區，就是令陌生的外地人畏懼駐足的無法地帶。只要對這些墮落的居民加以追蹤調查，將不難發現，他們的共通點是家裏三代是屬於不讀書的階層。換句話說，這些人的祖父母、雙親、和他本人等三代都是不翻閱書本的人。每天也不知道要去工作，只靠向政府領救濟金來酗酒、吃麻藥，並不時地製造事端，甚至連一點人類的基本行為也沒有。

這是文明人類社會中的不幸，而且它也正悄悄地在各地漫衍。像在第一章中我們就提到，有些父母竟然連最基本的報紙都不看，教育孩子則聽任其看電視……這些家庭若不及早改善，恐怕遲早就會成為社會敗壞的源點。

請您來檢討一下目前的生活吧！您本身是否看書？看什麼書？而您的孩子又如何呢？當然，我們都很希望有一個光明健康而又充滿希望的家吧！

讀書能培植人的生命力和自信

認識妮妮時，我真的很吃驚。她連「嗯」都不說一句，而據說她頂多只和她媽媽交談，於是我馬上去做一次家庭訪問。

「這個孩子很可憐，國小一年級時，父親就因車禍而去世。哥哥（已是成人）和她年齡又差太多，而且我每天也忙於工作……。於是她變得不和別人談話，只有和我在一起時才敢出聲說話、唱歌……」

經過一學期的訓練和學校生活，慢慢地妮妮也開始敢在眾人的面前小聲地唸書了。在學期末的懇親會上，她媽就很感激地對我說：「以前經常向我哭訴被同學欺侮，而不想上學，最近卻不再有這些話了……」

此外，妮妮還是一個非常喜歡製造畫冊的孩子，因為不愛講話，所以大家都不知道，但是，在日記中卻都寫了出來。

「起先是聽老師講故事。因為每天老師都講很多故事，所以，後來我就開始製作圖畫冊了。

我不喜歡印刷的圖片，而喜歡自己親手畫的圖片，因為很有趣，只要一看自己的畫，馬上就能想起圖畫中的內容或那篇故事的名稱。現在，我已經做了三本畫冊了，都是跟汽球有關的，以後也打算繼續製作下去，我已寫信給附近的朋友，假如他們也想做的話，我大概可以教他們做。」

人家說，讀書可以解放一個孩子閉鎖的心。就因為如此，遭到喪父悲痛而心扉閉鎖的妮妮，也因製作圖畫書的喜悅而變得開朗起來了。一高興起來就很想把這份感激傳給別人，這是人之常情。

現在妮妮開始寫信給朋友了，由此看來，妮妮的心已經豁然開朗，變得能夠以和朋友交流為樂的孩子了。

同樣的例子，亞雯（四年級）也是因喜愛作圖畫冊而產生自信，變成一個明朗的孩子。她是獨生女，患有先天性的白內障，讀書看字很困難。她的級任老師，經常為她唸書，並教她作圖畫冊。

沒想到亞雯所做的圖畫冊竟然很受到同學的喜歡，於是在同學們催促趕快再出新作及老師的讚美下，亞雯變得很有信心，並且一改過去的畏縮，而敢大聲地和同學交談。有了自信，生活自然就充滿著盎然的生氣。

父母應敏感於孩子的潛在能力，及面對的各種處境給予適當的指導，才能使孩子發展出穩定的情緒、獨立性的行為、社交能力。

讀書會使人喜歡作文

我的學生，大多是喜歡讀書而又喜歡寫作文的孩子。但是，並不是這些孩子在一開始就很喜歡作文的。

通常一個很愛看書的孩子，總是會想自己來編個故事、或試著把故事做成圖畫書。於是我就利用孩子的這種心理來誘導他們。例如：

「今天的自修時間，我們來做圖畫故事書。」

「哇－好棒哦！」

「老師，可以把桌子靠在一起嗎？」

每次一聽到要做圖畫故事書，孩子就很興奮地移動桌椅，二～三人一組地有人在桌上作畫，有人則坐在地板上構思，儼然就像面臨大戰一般。

這些畫出來的圖畫，都是最合孩子心意的，不管大小、人物造型和故事內容都和孩子很相稱，並且都是世界上所僅有的，因此，孩子們自然是非常興奮的了。

而且一旦開始後，大家甚至在下課的休息時間或放學後，都還會自動地找時間把它完成。當然每次我所收到的作品中，有只用鉛筆描畫的，也有用色筆添加色彩的等等，不管如何，這些對孩子本身來說都是無價之寶。我也小心翼翼地把這些圖畫故事收集成冊。

每遇到休息的時間，就把孩子們叫過來一起欣賞他們的大作。有時孩子們甚至會在上課中請求我來講讀他們的作品。「很有趣」、「圖畫得很好」、「故事寫得很好」等等，我也對每一篇作品發表我的感想。

當看到別人製作的圖畫故事書，自己也會產生躍躍欲試的心理，於是「老師，下次什麼時候，再要做圖畫故事呢？」最後，這些孩子自然而然地對編故事寫文章發生了莫大的興趣。

讀書能培養想像力、激發創造力

每個月的第三個星期日，我和一些熱心兒童文學教育者都會舉辦一次「母子圖畫製作會」，請專家來指導與會者創作圖畫故事書或編寫童話故事。

來參加的人從二歲的幼孩到保母、老師或立志想當作家的母親，什麼類型的人都有。不論是誰，一旦經常接觸童話或圖畫書，最後大概都會不由得地想「我也來寫寫看、做看看」吧！

通常當大家開始動手以後，越是大人則問題越多，一下子說畫面很難分割，一下子又說想不出題目等等，徒然攤著一張圖畫紙在前面而遲遲不能動筆。可是，小孩的情況則不然。像才三歲大的美貞，每次一拿到圖畫紙就開始作畫，有時甚至在指導人員還在說明作法時，她就已經畫好，並開始用那張畫玩起來了。她會專注地和畫中的人物說話、唱歌，而不關心周圍的人事。

很喜歡作畫的孩子都有一種極類似的傾向，就是他們都很喜歡書籍，而且是在經常有人會講讀故事給他們聽的環境中長大的。當然，他們也會看電視，但不會很著迷而且少看。

相反地，來參加的人中，也有畫不出圖畫的孩子，有些即使勉強動筆了卻都是電視漫畫書的構圖，一點也沒有自我的想像力。有些孩子也知道自己的肚子裏面實在一點東西也沒有而「畫不出來」地兀自苦惱。有些時候甚至會有孩子怨艾畫畫而掉眼淚的場面。

讀書會刺激一個人的想像力，想像力發展到後來就昇華成創造力。一個能自由地騁馳在圖書世界的孩子，他所需要的不是一張現成既有的圖片，而是一幅最能適合他心靈、只有他自己的圖畫。一張只為自己而完成的圖畫，對孩子來說，不但是一個至寶，而且更可以培育孩子內在無價的想像力。

讀書可培養人生存到底的力量

我的大兒子正在準備大學聯考，而且是因沒考上自己理想的學校而落榜的重考生。所以現在他最關心的，當然是如何突破考試，為此他到處收集如何考試致勝的資料，聽師長的經驗談，或深夜廣播的建議，或閱讀別人的體驗記。

在讀別人的聯考體驗記時，對某些覺得很適合自己的建議，甚至用紅筆做下記號。有時也會主動地來找我這做母親的給予建議或討論，隨時注意檢討自己的讀書方法，並尋找更好的方法。

或許我拿這件事來做例子，恐怕有點不合適，但是，我卻認為我兒子能在失敗中有如此積極的作法，這就是讀書的教育力的影響吧！把自己當作是一個故事的人物，而加以客觀地觀察，並想把這個「人物」加以改變，即要用自己的力量來改變自己的自我教育的行為。

不避諱地說，我兒子的讀書和接受考試都做得很好，而這就是真正的人生。要不斷地追求更好的生存方法，並知道從書中（聯考體驗記）來避免試行錯誤。從別人的例子來看自己，改進自己，並為自己找出一條適合自己的、最好的生存之道，創造自己美好的人生。

試想這豈是一個不看書的人所能做得到的呢？

想到這裏，則孩提時，看孩子讀書而學書中的情形來做遊戲、演戲，並且逐漸地變換各種活動，這些都應該受到贊同的。

更深入地說，我兒子的例子，也就是他能藉著「書」而做到自我啟蒙。或許當他考上時，這些「體驗記」將變成無用之書，但相信他又會沉醉於因新的課題而重新堆上案頭的書籍世界中。

讀書可使孩子的成績優異

看起來不太用功，熱衷運動，又經常喜歡溜狗或結伴玩耍的孩子中，也會有成績優異的人。相反地，每天死啃書、上補習班的，但成績卻一直不好的，也大有人在。

這兩種孩子的差別，就在於他們有沒有具備所謂學力基礎的讀書力了。通常那種即使不死啃書也能有好成績的孩子，一定都是很喜歡書的人。當然這並不一定是喜歡看那種偉人傳記或世界名著，而是指對有合自己興趣的書就必讀的人。

然而，為什麼喜歡書籍的孩子即使不太用功也會有好成績呢？

因為不管是國語、算術、理科或社會科，幾乎所有的科目都是照教科書的內容來教授的，所以，如果對教科書內所寫的內容無法唸得很流利的孩子，應該是不可能了解上課的內容。

一個經常聽別人唸書講故事長大的孩子，對語言的掌握能力，和把語言組織起來構成印象的能力一定比別人強，一個有這種訓練的孩子，自然不可能看不懂教科書的內容。再說一般的課外讀物，多少都比教科書稍微困難，所以，既然課外讀物都聽得懂，上課聽講自然不會跟不上了。

到了國小四年級時，教科書的內容會突然變難，尤其是算術。日常生活上不常用的大數字或小數點，這時都會陸續出現。這時候，就要看孩子有沒有抽象的概念了。一個沒有讀書習慣，什麼東西都必須親眼看到親手摸到，否則就沒有辦法思考的孩子，可能就會跟不上課業進度。而那種成績突然退步或開始上補習班的原因，也就在這裏。

但對這種從來沒有在腦海中累積抽象思考訓練的孩子，您再替他請家教或上補習班，也不會有太大的效果。有時反而會造成「欲速則不達」的結果。

學習，最重要的是要多讀書，訓練從書中的話語來構成概念的能力。國中、高中、到了大學以後，所接觸的教科書會越來越難。抽象語和觀念性的問題也越來越多，求學的人不只要一般化而且也被要求要抽象化。而一個愛書經常讀書的孩子，因為在他的頭腦中經常有要去掌握語言意思的訓練和讀解文意的訓練，這一點在他未來的求學過程中就變成是一種很有利的因素。

這不只可以影響他能不能看懂一本書的問題，而是讀書可以大大地培養出他的想像、創造、寫文章等學習上的能力，這些能力自然也能在成績上表現出來。

讀書可培養集中力

「喂！妹妹，看你也不怎麼用功，成績卻那麼好，到底你有什麼秘訣，請告訴我好嗎？」

「這呀！只要上課用心聽講就好了。我最不喜歡做功課了，所以，乾脆在上課時就把老師說的都暗記起來。反正考試也都只考這些，這樣就夠了！」

「什麼！就這麼簡單啊？」

有一次我的二兒子向小妹請教如何取得好成績的秘訣時，正好被我聽到，當時真是令我感到十分的驚訝。記得小時候每次我都會叮嚀他上課要專心聽講，可是他就是馬耳東風，老是喜歡在上課中偷偷地玩，最後，我只好讓他下課後再去上補習班，可是一直也沒什麼效果。

沒想到他竟會私底下向小妹「不恥下問」，而終於了解了用心聽課的重要。果然不出三個月，他的成績真的讓人有突飛猛進的感覺。而且一年後，在沒有上補習班的情況下也考上了理想的高中。

對上課一直都很沒有興趣的他，成績大都是中等，但也有是中下的科目。因為性格上還好，所以，他每天還是照樣很有精神地去上學。而我想會讓這個原本成績並不怎麼好的孩子，在短期間卻有神速進步，這應該是要歸功於他從小就養成的讀書習慣。

我這個孩子對吃的東西特別有興趣。所以，從小所看的圖畫書都是些有關吃的圖畫，經常可以看他吮著手指，一副饞相地翻閱圖書，甚至抱著那些圖畫書睡覺。

說到上課，首先就是要能集中精神聽老師所說的話，接著再把聽到的事加以理解，另外，讀教科書也是一個必要的條件。我這孩子看的書雖然都是些有關食物方面的書冊，但是，十幾年以來幾乎每天都有凝聽別人講讀的習慣，因此，具備了十分充分的耳力訓練。已具有把聽到的事，在腦中加以理解的能力。雖然以前聽的儘是一些童話故事，但十幾年持續下來的實績也培育了相當的理解力。因此，即使不去補習，也能在短期內使成績變好。

做父母的，先把孩子的基礎打好，至於將來他們能做什麼、想做什麼，就讓他們自己去發揮，去決定。

讀書可培養獨創的思考方式

這是我二兒子國小六年級時的事。在國小時由於不太專心，所以考試的成績一直都很不好，而在一次社會科的考試時便出了一個大紕漏了。

考試問題：「民主主義是什麼思想？」

他的答案：「是甘地想要實現的想法。」

這真是太離譜了吧！尤其這個考試是在社會課民主主義剛上完時的隨堂考試，當然，他的答案被認為是錯的。那麼甘地又是誰呢？原來這並不是那一本教科書中曾經出現過的人物，而是當時他熱衷在閱讀的《甘地傳》一書中的主角。

孩子說他在上民主主義時，滿腦子都在想著甘地這個人的事——印度的宗教、政治領導者，他領導薩加克拉哈運動，從非暴力主義的立場展開了不合作、不服從的反英運動，一九四七年達成獨立，可惜卻在第二年被極右派青年狙擊而死——這些就是他對社會科所教的民主主義所把握住的要點。於是當時我也安慰他說：「這個答案很棒嘛！你能用自己的想法清楚地理解了什麼是民主主義……」。

有人認為教育孩子是為了要讓他以後能適應這個社會，但很遺憾地，往往有些人卻限定孩子必須遵循被教導的方法而不能用自己的想法。試想這種人云亦云，老是跟在別人後面的人，真的能適應生活的衝擊嗎？事實上，人要生存下去就決定於他是否能把所得到的知識做有效的活用。

我這孩子記憶遲緩、慎重，經常會一個人沉思。他看甘地傳時，就曾經想過，要是自己也處在甘地的政治環境下，自己會怎麼辦？而他的思想就經由這種衝激，更趨成熟，更加充實。

所以，讀書應該丟棄那種只為成績而反覆背誦章句的狹義學習，而是吸取能使人獲得更充實的內涵。

雖然「民主主義」絕不會是「甘地的想法」，但是，一個死背書而不愛看其他書籍的孩子，怎麼也寫不出這麼絕妙的「答案」。

讀書的孩子外語能力好

「媽—妳看這是格里姆童話故事呀！」

有一天正在準備大學聯考的大兒子，突然大呼小叫地跑來找我：「媽，妳看這個問題，這不就是媽以前常說給我們聽的格里姆童話嗎？沒想到考試也會考這種問題，這英文太好得分了。真令人信心百倍！」

孩子拿給我看的英文，果然是格里姆童話。

「媽，英語的童話故事中的文句常有主語或場所語的省略，讀起來實在很難理解……」

「不知道外國的父母親是不是也都會講讀故事給他們的孩子聽？不過，用媽您在講故事給我們聽的那種語調和感覺，來讀英文童話故事，卻也感到很親切而又容易理解。」

孩子講的沒錯，不管是哪個民族，都會有年長的人說故事給孩子們聽。不論哪一個父母，不也都有把孩提時代聽到的老故事拿出來說給孩子聽的經驗嗎？就在反覆聽這些國內或國外的童話故事而心領神會之餘，不知不覺中就多少吸收了那個民族想要傳給他們子孫的語言和文化。

因此，以後在學習該國語言文字時，對其語言的感覺也就比較能體會得到，體會得深，自然這個學習的效果也就是那個不看書，從來就不曾接觸過那個民族文化的人，所無法比擬的。

讀書可培養科學研究的動機

《野尻湖的象》是日本一本寫實的圖畫故事書。內容是敘述在日本野尻湖周圍挖掘南蠻石象（推測在二～三萬年前棲息在日本的象類化石）的經過。某位媽媽就曾經介紹這本書給孩子看，沒想到只有圖片和幻燈片，竟然無法滿足孩子對古代神秘的嚮往，於是因此而引發大家做了一次很成功的實地發掘工作。

她居住的枚方台地在日本大阪是很早以前就有人類居住的地方。遠在文明尚未發展的石器時代，這一塊丘陵地是森林茂密，人和象、鹿、獅子、猴子等都已在此繁衍而生生不息。沒想到百萬年後，竟然有孩子發掘到這些化石。

有一次在這枚方台地的中心地帶，剛好開始在開發建造住宅新村。開山闢地的結果，地層也隨著一層層地浮現出來。這時她們便徵得營造現場管理員的同意，在專家的領導下來進行挖掘化石的工作。由於孩子們都很感興趣，一時間竟有一百多人來參加。挖掘的結果，她們雖然沒有找到南蠻象的化石，但卻挖出了七十萬年前菱果和橡果的原型。那種興奮情景，幾乎連大人都為之感動。

當時和孩子一同參加挖掘的母親，就把當時心中的那份感動之情寫在家庭教育回顧筆記中，她說：「快老得可以被當做化石的我，竟也滿身污泥地，親眼目睹、親手觸摸到上古的化石，剎那間，我也沉醉在那種古物觸膚的榮幸感之中。」

而孩子們的興奮就更不待言了。其中還是小學生的野茂還因從對採到的菱果的觀察，而萌發了科學性的思想。當時他的日記中就記有這一些事情：「把菱果從水中取出，再放到酒精中。結果菱果會浮在水上，但卻會沉到酒精裏去。這是為什麼呢？還有橡樹的果實是不是一樣呢？」而且他也把這些問題拿來請教老師，並開始找有關書籍來閱讀。

孩子就是這樣，一旦對所閱讀的書發生興趣，就會馬上把所讀到的事，表現在自己的生活上，這就是「模仿」。「採化石」對孩子來說，無異就是一個「挖掘的模仿」。而那對未知事物的興趣，會被心中那股無窮盡的好奇心所牽動。很自然地從這裏，就啟發了科學研究的動機，培養出觀察、思考、確認的科學精神。

讀書可加深親子間的談話

我的第二個兒子，因為參加社團活動，幾乎每天都很晚回家。有一次一回來就很興奮地對我說：

「媽，沒想到大家都很羨慕我們，說我們的家是一個理想的家呀！」

「同學們都說，有時他們很渴望父母會跟他們聊天，可是……」

大部分的高中生簡直就和父母沒話說，父母對他們的話經常也都顯得不耐煩。所以，即使內心真的很想和父母親交談，但一想到每次說話就被認為是「囉嗦」、「多嘴」，心裡就鬧彆扭。因此，除了「錢」或「便當」等必要的話語外，根本就談不上什麼意志的傳達。

對別人的事情不加干涉也不予褒貶，我的家人的談話內容有三大話題，是「考試」「學校生活」「料理」，另外頂多再談一些「男女交往問題」「將來」「技藝才能的知識」。表面上雖然「讀書」的味道很淡，但有一個錯不了的事實，就是我們家人的基本談話路線都是架構在書本上面。

孩子幼小的時候，一般親子的談話都是父母親單方面的述說，經常都是說些像「不行！不行！」或「快點！快點！」的話。孩子上了國小後，則再加上「要好好地加油呀！」在生活上都是來自父母親單方面的禁止、催促和對學習的期待。這樣孩子當然就不會很在意父母的存在而寧願保持沉默了。

但是，如果父母用「讀書」來當做與孩子親近的手段，那情形就不同了。小時候就開始講讀故事給孩子聽，孩子則會主動來纏父母講故事，親近父母，使親子對彼此的關心更加濃厚。我就這樣被孩子催促、纏了十多年，結果我變成孩子可以對著傾訴任何事情的「朋友」了。

讀書可堅定生活的意志

罔顧家庭，凡事都是企業優先的競爭社會，男人為了事業而單身赴任的結果，已逐漸成為嚴重的社會問題了。

三年前當時大兒子剛考上高中，而我也教了三個月的書，正當大家的生活情況都已漸趨穩定時，我先生的公司卻調派他到外地去任職。

從此我們全家人就只在學校放假時，大家才能團聚。同時，在孩子逐漸長大成人正需要父親在思想和行為上給予指導或做榜樣時，父親卻不能在家，這實在是很令人擔憂的。

這種沒有父親在身邊的孩子，處在目前用考試或成績來教育孩子的現實中，是很容易感到不安而意志發生動搖，從而對學校的老師萌生不信任感。

「你們小時候，媽媽最主要的工作就是講讀圖書故事給你們聽。但現在媽媽的任務就是每天都來跟你們聊天討論事情，一起來討論你們要怎麼去生活，為什麼要讀書等等。」

在母子彼此交換討論意見中，我的孩子們就以我為他們人生的借鏡而成長。在父親不在的三年中，他們三人也都經歷過聯考的試煉，而且也都過得很好，兄妹間的感情也很融洽，叫人看了都覺得欣慰。

「有暴行傾向的孩子都沒有讀書的習慣。」

「時常有親子談話的家庭不會出壞孩子。」

每次聽這些話，我就更堅信「讀書」和「親子談話」應該是同質的事。孩子在幼小時不斷閱讀圖書和時常與年齡稍長的孩子做親子的談話，這兩種都是培養孩子生存的正確態度和堅定生活下去的力量的方法。

唯有能做好並確保這兩種生活素養，才能使孩子在父親不在的時候也能健康而且健全地成長下去。

親子讀書會使母親更成長

母子共同閱讀同一本書的親子讀書運動，不但會使孩子變得更喜歡書，而且也能使母親的作風發生改變。

建材店的老闆娘雪昭是一位有三個孩子的母親，一個就讀五年級的男孩和兩個分別就讀四、二年級的女孩。除了孩子的教育外，每天還幫四個工人準備便當和看店。

「讓孩子去老師那裏參加讀書會已經兩年了。不知不覺中我也和孩子們一起讀了好幾本書，培養了親子一起讀書的習慣。

以前由於工作繁忙，白天沒有空暇看報紙，晚上又要照顧家人的大小事情，每天都必須忙到十一點以後，才可能擁有自己的時間。這時即使想看一點書，看不到幾頁就沉沉入睡了。

不過，有了孩子以後，我就一直希望自己能做一個可以以平等的姿態和孩子談話，能讓孩子自立自強的母親，所以，儘量抽時間來講讀圖書故事給孩子聽。小時候和讀書無緣的我，雖然啟蒙比別人來得晚，但是，我利用和孩子一起讀書的機會努力讀書。」

像雪昭女士這種想要和孩子一起來讀書改變自己的人生，要和孩子一起努力生活下去的情感，我想這應該是任何一個時代的母親對自己孩子應有的感情。

但是，今天的母親卻大都是以自我為中心，無視孩子的存在，以自己的方便來帶孩子。不在意要親手去扶養孩子，一味地把孩子送去育幼院補習班，以金錢來養育孩子。

事實上，親子一起來讀書，傾心靜聽孩子的話語，和孩子一起來思考，這些事也可帶動母親的成長。讓母親能夠在問題發生的時候，不會只知責備孩子的不是，而反省自己是否有什麼不是。

人原都是保守的，即使認為自己有偏差，但除非有相當的明智和勇氣，否則是無法改變的。以書本做媒介和孩子交流，把內心的心情發散在與孩子的談天中，自己也會產生努力和鬥志。所以，一個愛讀書、能和孩子交流的母親，其人格不但能日趨完美，而且也會給家庭帶來好的影響。

親子讀書可促進夫婦的談話

「我們在一起也沒什麼話好談，不常溝通，根本就不了解彼此心情……」現在的夫妻好像很缺乏彼此在一起聊天、溝通情感的習慣。但是藉著和孩子一起讀書，有時也製造出夫婦談話的話題。乃鳳的父母就是因為這樣而時常談話和溝通。

有一次乃鳳的媽媽在講讀「爸爸、請抱我」的故事時，那感人肺腑的情節再加上母親充滿感情的語調，不但乃鳳，連她讀高中的姊姊和讀國中的哥哥都聽得入神而感動掉淚。甚至原本在一旁看報紙的父親也傳出抽咽的鼻聲。這是每次乃鳳的父親受到非常感動時都會有的反應。

等大家一邊擦眼淚一邊聽完整個故事，孩子帶著滿足的微笑入睡後不久，乃鳳的父親就開口說：「那故事作者是誰呢？」

「一定是一位很有心的作者，才能寫出這樣充滿愛心的作品。」

「像這種作品大概是取材自現實社會吧！」

「嗯，好像是吧！實在是寫得很生動。我以為這是在反映目前社會許多不顧家庭的父親，但因為這是兒童讀物才出現這麼完美的結局。」

「說得也是，總不能讓孩子感到不安……」

「這位作者大概是要把障礙兒童的問題，用兒童文學形式向社會大眾提出建議吧！」

「大概是要我們對有障礙的孩童，不要只知給予可憐、同情，而應該是要大家合力來建立能讓他們的生命喜悅的社會。」

不知不覺中，原來是親子讀書結果卻發展成夫婦的讀書討論。從兒童文學談到身心有障礙的孩童問題，再牽扯到社會教育、福祉等等，於是乃鳳的父母親由於經常能像這樣地談話討論，不但彼此因能溝通而感情和睦，更使整個家庭充滿和諧。

書有維繫人際關係的作用

人沒有一個沒有「可能性」的，而且人所做的每一件事，只要做就永遠不會嫌太晚，不管什麼時候，只要有心，學習就可以開始。讀書也不例外。

書不但會令人感動、啟人智慧，而且還可訓練使人成為作家，另外，在人與人之間的交際中，書也可扮演成一道溝通和維持感情的橋樑。

和蔡姓及黃姓兩家做鄰居是我剛生下大兒子不久後的事，當時因為大家都有嬰兒，所以，彼此不但常往來而且感情也很好。後來為了工作大家都搬遷了，但因大家對「讀書」都很熱衷，所以即使離開了，彼此還是經常有來往。

記得大兒子國小四年級那一年的某天，蔡家帶著她的大女兒來我家玩。後來兩個大人和兩個小孩竟然圍在一起閱讀同一本圖畫故事書。當時我和蔡家也討論起作者及書中的人事物，而孩子們也在一旁聽得入神。

離別十多年的黃家來找我時，也說：「直到現在，我和孩子都還讀著以前和妳一起去買的那些書。心中一直惦念著妳們……」

在人們越來越為著自己的生活而汲汲營營的今天，我和蔡及黃兩家之間，要不是有一條讀書的繩結牽引住，我想我們的交往大概沒辦法這麼長久！每次見面時，總是因為讀書的關係而有許多話題，不會因分開太久而變成尷尬的虛應。甚至大家還能共同交換如何教養孩子的意見，把各人的問題提出來做大家的參考。

另外，這樣也可以使孩子多結識喜歡讀書的朋友。做父母的在教養子女時，也可以製造出一個孩子做錯事，彼此的父母也會來加以指責的人際關係。在「眾目睽睽」之下，孩子的成長就更能清楚地掌握住。

後序

讀了這本書後，您的感想如何呢？是否覺得「讀書，太簡單的玩意了！」讀書就是身邊隨時可接觸的日常生活的一部分呢？

各位也許和我以前一樣，一聽到讀書，反射性地聯想到學問或教育等嚴肅的問題，叫孩子讀書，大概也認為「這是孩子讀的書」吧！但是，如果真是如此枯燥辛苦的話，孩子們一個個早就溜之大吉了。然而，孩子們飢渴地要求閱讀書籍的原因是和他們在戶外活蹦亂跳玩耍的樂趣一樣。因此，為了讓孩子去發現這個樂趣，父母親可以引導他們讀書，也可以從漫畫書或電視的途徑來啟發他們。這應該可以說是教育兒童的一個生活智慧吧?!

當您再次閱讀這本書時，會是一種享受，您是否放開一切拘束，在臥榻上悠哉地品味呢?或者是在做飯的餘暇，翻閱欣賞呢?總之，不會是死板生硬地端坐在書桌前，來「用功」這本書吧！

一億人閱讀的暢銷書！

4～26集　定價300元　特價230元

4.大金塊
5.青銅魔人
6.地底魔術王
7.透明怪人
8.怪人四十面相
9.宇宙怪人
10.恐怖的鐵塔王國
11.灰色巨人
12.海底魔術師
13.黃金豹
14.魔法博士
15.馬戲怪人
16.魔人銅鑼
17.魔法人偶
18.奇面城的秘密
19.夜光人
20.塔上的魔術師
21.鐵人Q
22.假面恐怖王
23.電人M
24.二十面相的詛咒
25.飛天二十面相
26.黃金怪獸

品冠文化出版社

地址：臺北市北投區
致遠一路二段十二巷一號
電話：〈02〉28233123
郵政劃撥：19346241